AIRLINE In-flight ANNOUNCEMENT

항공기내방송 실무

윤성주 저

백산출판사

머리말

현재 지구촌은 일일생활권으로 갈수록 글로벌화, 세계화되고 있으며 항공여행을 하는 세계 인구는 점점 증가되고 있다. 이에 항공사는 양적인 성장과 더불어 질적 서비스를 향상시키며 매우 치열해진 경쟁에서의 우위를 모색하고 있다.

또한 항공기 탑승객의 다국적, 다양화로 인해 항공사는 항공승무원들의 다양한 외국어 능력과 서비스 능력을 요구하고 있다. 항공서비스 중 탑승객에게 편안함과 함께 꼭 필요한 니즈는 아마도 안전과 정확한 정보전달일 것이다. 정확한 정보전달은 항공기 탑승객의 안전과 함께 편리함을 제공하고 있는데 가장 효과적으로 항공사에서 사용되고 있는 것이 바로 기내방송일 것이다. 기내방송은 승객에게 정확한 정보를 전달해 주고 항공여행에서의 궁금증을 해소해 준다. 그런 점에서 항공승무원의 기내방송 스킬은 외국어 소통능력과 함께 매우 중요한 요소라 할 수 있다.

저자는 항공사에서 객실승무원으로 7년여 비행근무를 하였고 현재 대학에서 항공운항을 전공하는 학생들을 지도하고 있다. 항공사 승무원으로서의 자질과 역량을 갖추기 위해서는 여러 가지 교육이 필요한데 그 교육내용 중 '항공기내방송 실무' 과목은 항공사 취업 면접 과정에도 포함되어 있는 중요 과목이라 하겠다. 최근 국내외 항공사에서는 보다 우수한 승무원을 채용하기 위해 기존의 면접형식에 기내방송문(영어) 읽기를 추가하여 음성, 발음, 어투 등을 함께 점검하고 채용에 활용하고 있다. 이에 기내방송에 대한 학생들의 이해를 돕고, 기내방송의 지속적 실전연습을 통해 승무원에게 꼭 필요한 역량을 키우며, 취업 경쟁력 우위확보를 위해 이 책을 발간하게 되었다.

본 저서는 크게 6개의 Part로 나뉘어져 있는데, 세부내용을 개략적으로 살펴보면 Part Ⅰ은 기내방송의 이해로써 기내방송의 목적과 중요성, 규정, 요령에 대해 정리하였고, Part Ⅱ는 본격적인 기내방송 실무를 교육할 수 있도록 Domestic Flight(국내선) 비행에 맞도록 기내방송문의 순서(procedure)를 나열하였고 한국어와 영어의 순서로 구성하였다. 책만으로 혼자서도 기내방송 스킬을 연마할 수 있도록 유의해야 할 단어 하단에 발음을 입력하여 보기 쉽게 언어별로 설명하였다. Part Ⅲ은 International Flight(국제선) 비행순서(procedure)에 맞춰 한국어-영어-일본어-중국어의 언어순으로 준비하였고, 실전연습을 능숙하게 할 수 있도록 상·하단에 발음 및 요령을 참고할 수 있도록 삽입하였다.

Part Ⅳ는 다양한 항공사별 방송문으로 CATHAY PACIFIC AIRLINES, QATAR AIRLINES, MALAYSIA AIRLINES, T'WAY AIR 등 외국항공사와 국내 신생 항공사의 기내방송문을 소개하였다. 외항사인 경우 영어와 함께 한국인 현지승무원이 방송해야 하는 한국어 부분을 수록하였으니 외국항공사를 지원하고자 하는 지원자들도 충분히 연습하여 좋은 결과가 있기를 바란다.

그리고 Part Ⅴ에서는 항공기 운항승무원(기장, 부기장)과 지상직원의 방송 예문을 수록하였으며 각 파트에서 하는 역할을 이해하는데 도움을 주고자 하였다. 항공기 운항승무원을 꿈꾸는 지원자들이나 지상직을 희망하는 지원자들에게도 도움이 되길 바란다.

마지막으로 Part Ⅵ은 기내방송에 필요한 정보로 구성하였는데 내용은 공항과 도시의 공식 명칭, 세계의 시차, 온도 변환, 속도 변환, 고도 변환 등이다.

위와 같이 크게 6개의 Part로 구성하였으며 학생과 교수자의 편의성을 위하여 13주로 구분 표시하여 수업에 몰입함과 동시에 교재를 잘 활용할 수 있도록 구성한 것이 이 책의 특징이라 하겠다.

아울러 지금까지의 교재와는 다르게 중국어 부분을 모두 수록하였고 외국어에 미숙한 지원자의 경우라도 열심히 훈련하여 능숙한 기내방송을 할 수 있도록 한국어로 발음을 표시한 것이 본 교재의 장점일 것이다.

본 저서를 바탕으로 항공승무원을 꿈꾸는 모든 지원자들은 기내방송능력을 향상시키고 미소와 함께하는 상냥한 방송으로 항공사의 합격을 기원하며 또한 향후 기내에서의 좋은 방송을 기대한다.

그리고 그동안 물심양면으로 사랑과 격려를 아끼지 않은 나의 남편과 종석, 주석 두 아들에게 깊이 감사하고, 그 밖에 도움을 주신 각 항공사 관계자, 백산출판사 관계자, 권성 교수님을 비롯한 동료 교수님들, 항공2기 최령영 제자에게도 깊은 감사의 마음를 전한다.

모쪼록 이 교재가 항공을 전공하는 학생들과 항공사 취업을 꿈꾸는 여러 지원자들에게 사막의 오아시스처럼 유용하게 활용되기를 기대한다.

2015년 6월

저자 윤성주

차례

PART Ⅰ 기내방송의 이해

PART Ⅱ 기내방송 실무(DOMESTIC FLIGHT)

PART IV 다양한 항공사별 방송문 〈11주〉

PART V 운항승무원 및 지상직원 방송문 〈12주〉

PART VI 기내방송에 필요한 정보 〈13주〉

PART I

기내방송의 이해

제1장 기내방송의 목적과 중요성

21세기 국제화가 진행되면서 미래산업의 대표 성장산업인 관광산업이 급속히 발전하여 이제는 명실공히 세계가 하나가 되었다. 국제관광산업의 발전과 세계여행의 보편화는 전 세계 항공업계의 양적 질적 향상을 현실화시켰으며 항공사들의 안전과 서비스에 대한 인식과 경쟁은 나날이 가속화되고 있다.

그러므로 목적지까지 승객의 안전하고 쾌적한 여행을 책임져야 하는 항공사 승무원들은 기내방송을 통해 기내에서 제공되는 각종 서비스와 안전에 관한 소중한 정보를 정확히 전달해야만 한다. 기내방송의 실시 목적은 승객에게 적시에 적합한 안내방송을 실시하여 정보를 정확하게 전달해 주고, 또한 승객이 여정의 출발점인 기내에서부터 쾌적하고 즐거운 여행을 할 수 있도록 돕는 대고객 서비스라고 할 수 있다.

항공기내에서의 정확한 정보전달을 수행하기 위한 방법으로는 육성과 기내방송의 두 가지 방법이 있다. 기내에서의 육성전달 방법은 주로 비상사태를 대비해 안전에 관한 샤우팅(shouting) 전달로써 교육된다. 모든 항공사 승무원들은 해마다 항공안전에 관한 교육을 필하고 합격하여 안전교육을 이수하고 안전증을 수령하고 있어야만 기내에 탑승하여 기내업무를 수행할 수 있는데 그 훈련과정에 샤우팅(shouting) 전달 훈련이 포함되어 있다.

비상사태 시에도 기계적인 결함이 없는 경우에는 모든 정보전달의 효과적 방법은 기내방송이므로 가장 중요한 정보전달의 수단은 기내방송이라 할 수 있다. 기내방송은 항공승무원에 의해 적시에 직접 전달하는 방법이 주로 사용되고 있으며 특별한 경우에 한해 미리 녹음된 prerecorded announcement를 제공할 수 있다.

승무원의 기내방송은 승객의 쾌적한 여행을 위한 정보전달의 기능을 지니며 승무원에 의해서 행해지지만 승무원의 것이 아니라 승객을 위한 승객의 소유라 할 수 있다. 그러므로 항공사 승무원들은 기내방송을 기내안전과 서비스의 측면에서 더욱 중요하게 인식하여야 하며 정확한 발음과 밝은 음성으로 꾸준히 연습하여 기내방송의 목적과 역할에 충실한 최상의 서비스가 될 수 있도록 하여야 한다.

기내방송은 비행 중 여행에 필요한 정보를 전달하며 비행안전 사항에 효율적인 통제를 함으로써 승객의 안전과 쾌적한 여행을 보장하기 위해 실시한다. 또한 비정상적인 상황이 발생할 경우 효과적인 정보전달 수단으로 활용하며 상황에 따라 신속한 판단과 대처능력을 발휘하여 정확하고 적절한 방송을 실시하여야 한다.

그러므로 기내방송이란 비상시에도 승객의 불안감을 해소시키고, 항공기 비정상 상황에 대한 궁금증을 없애주어 승객의 알고자 하는 권리를 충족시켜야 하는 매우 중요한 기내업무 중 하나라고 할 수 있다.

제2장 기내방송의 규정

(1) 기내방송 Duty 및 책임

기내방송은 항공사마다 기준을 정하여 부여하는 「기내방송 자격」을 취득한 승무원의 임무(duty)이며 매 비행 시 기내방송 자격자 중 자격최상위자 또는 최상급자에게 객실사무장이 업무분담(Duty assign) 시 방송duty를 부여하여 실시한다. 그러므로 모든 기내방송 실시에 따른 책임은 1차적으로 해당 비행편 객실사무장(캐빈매니저)에게 있으며 방송duty를 부여받은 방송담당 승무원이 2차적인 책임을 지도록 규정하고 있다.

(2) 기내방송의 원칙

항공사마다 다른 원칙이 적용되기도 하지만 대부분의 항공사들은 해당 비행편 객실사무장(캐빈매니저)이 방송자격을 취득한 객실승무원 중 최상의 적합자를 정하여 방송 실시를 지시한다. 대체로 해당편 객실승무원 중 기내방송 최상위 자격을 보유한 승무원에게 객실사무장은 기내방송의 임무를 부여함이 원칙이며, 기내안전에 관한 Demonstration 방송을 제외한 일반적인 방송을 실시하도록 지시한다.

Demonstration 방송과 Irregular 방송의 경우 객실사무장이 기내방송을 담당하여 비정상적인 상황 발생 시 빠르고 적절한 방송을 실시하여야 한다.

방송담당(Duty) 승무원은 항공사마다 지급되는 기내방송문(Inflight Announcement)의 방송원칙을 준수하여 방송을 실시하여야 한다.

기내방송 자격을 보유한 모든 객실승무원은 각 항공사마다 지급되는 기내방송문 책자를 비행 시 항상 소지하여야 한다.

기내방송담당 승무원은 각 항공사를 대표한다는 자세로 방송에 임하며 방송능력 향상을 위해 항상 노력하여야 한다. 항공기 탑승 전 충분한 방송연습을 하며 다양한 항공기종에 따른 올바른 마이크 사용법을 숙지하여야 한다.

기내방송담당 승무원은 기내 탑승하여 안전점검을 실시한 직후(승객탑승 전) PA 상태(음량, 소음 등)를 점검하고, 이상이 발견되면 즉시 객실정비사에게 정비를 요청한다. 정비에 따른 시간이 장시간 소요될 경우 PA 상태가 양호한 인터폰을 사용하도록 한다. 승객탑승 후 기내방송을 실시할 경우 반드시 규정에 따라 방송책자를 보면서 방송을 실시하여야 한다.

출발 지연의 경우 안내방송은 항공사별 지침에 의거하여 방송하여야 하며 대부분의 경우 5분이 경과하면 최초로 출발 지연 안내방송을 실시하여 승객에게 안내함이 원칙이다.

하지만 5분이 경과하지 않았거나 출발 지연 안내방송을 1차 실시 후 곧 출발 예정의 경우 항공사의 이미지 손상을 방지하기 위해 추가방송을 실시하지 않을 수도 있다.

(3) 기내방송 노선별 지침

기내방송언어는 노선에 따라 실시 순서가 상이하며 대개 3개의 언어로 실시한다. 국내선의 경우 한국어-영어 순서로 2개의 언어로 방송을 실시하며 국제선의 경우는 한국어-영어-현지어 순서로 방송을 실시한다.

단, 내국인만 탑승한 부정기 전세 비행편(Charter Flight)의 경우는 국내선과 국제선 모두 한국어 방송만 실시한다.

한·일 노선, 한·중 노선의 경우 승객 점유율에 따라 한국어-현지어-영어 순서로 방송을 실시하며 미리 녹음된 방송 tape을 작동시킬 경우는 육성방송 후 실시한다.

비정상 상황발생 시 한국어-영어 순서로 방송하며 현지승무원 탑승 시 사전에 내용을 알려주어 현지어 방송을 실시한다.

노선별 언어순서

노선	언어 순서
국내선	한국어-영어
한·중 노선	한국어-중국어-영어
한·일 노선	한국어-일본어-영어
동남아 노선	한국어-영어-현지어
미주 노선	한국어-영어-(중국어 또는 일본어)
중동 노선	한국어-영어-(현지어 또는 중국어)
구주 노선(유럽)	한국어-영어-현지어(불어, 독일어 등)

이와 같이 비행 노선별 언어 선택과 순서는 항공사와 탑승승객의 점유율에 따라 상이하다. 일부 제2외국어 방송(이탈리아어, 체코어, 몽골어 등)은 기내방송기재인 카세트플레이어나 Prerecorded Announcement System을 활용하여 해당노선 운항 시 반드시 실시하여야 하며 객실사무장은 기종별 구성목록과 수록된 방송문의 내용을 사전에 충분히 숙지하여 방송을 실시한다.

(4) 현지승무원의 방송 규정

현지승무원은 비행 중 방송담당 승무원에 의해 실시되는 모든 방송을 한국어-영어 순서로 방송을 한 뒤 바로 이어서 방송하여야 한다.

객실사무장은 기내방송의 1차적인 책임자로 객실브리핑을 실시할 때 위와 같은 관련내용 및 규정을 해당 현지승무원에게 숙지시켜야 한다.

현지승무원 또한 반드시 해당 항공사의 지정된 기내방송문(Inflight Announcement)에 따라 방송하여야 하며 임의로 내용을 바꿔서 방송할 수 없다.

제3장 기내방송 요령

(1) 기내방송 요령 및 Test 방송

방송담당 객실승무원은 항공사별 방송절차에 따라 기내방송문의 방송문구를 그대로 방송하여야 하며 필요한 경우 기내방송문에 수록된 방송문구를 활용하여 적절한 방송을 실시할 수는 있으나 예의에 어긋나는 문구나 어색한 느낌의 문구를 사용하여 승객에게 불쾌감을 주어서는 안 된다. 비정상 상황 발생의 경우 객실사무장의 책임하에 임의로 방송문을 작성하여 방송을 실시할 수는 있으나 비행종료 후 반드시 소속 부서에 보고하여야만 한다. 운항, 정비 등의 사항은 Cockpit Crew, 즉 운항승무원(기장 또는 부기장)에 의해 방송함이 원칙이지만 필요할 경우 기장의 위임하에 객실사무장이 방송을 대신 실시할 수 있다. 객실사무장이 기장에게 위임 받아 기내 안내방송을 실시할 경우 정확한 기술용어와 전문용어를 전달 받아 방송을 실시하여야 한다. Flight No(편명)와 시간, 날짜를 각국 언어로 방송할 때에는 숫자 읽는 법에 규정된 원칙대로 방송해야 한다.

(예: ○○항공 306편 : ○○항공 삼공육편)

기내방송문 중 공항 명칭은 국내선과 국제선 모두 지역명과 함께 공항의 공식 명칭의 순서대로 방송한다. 지역명이 공항명과 중복되는 경우에 한해서는 공항명만 실시하기도 한다.

(예: 제주 도착편의 경우 공항명만 방송 : 제주 국제공항)

테스트 방송은 방송담당 승무원이 기내에 탑승하여 승객이 탑승하기 이전에 반드시 실시하여야 한다. 왜냐하면 기내방송은 항공기 탑승 승객 모두가 선택 없이 들어야만 하는 특성을 가지고 있으며 또한 정보의 정확한 전달목표를 달성하여 기내방송이 소음으로 인식되는 것을 미연에 방지하기 위해 꼭 필요하기 때문이다. 그래서 과거와는 다르게 항공사에서 실시하는 객실승무원 교육과정 중 기내방송에 관한 교육의 중요성이 날로 커지고 있는 실정이다. 또한 기내방송 자격을 보유하고 있지 않은 승무원은 진급이나 인사고과에 가산점이 반영되지 않으므로 객실승무원은 평소 방송 자격을 취득하는데 최선의 노력을 다해야 할 것이다. 테스트 기내방송 시 각 ZONE별 객실승무원은 음량, 잡음(소음 또는 기계음), 정확한 전달도, 파열음이나 방송담당자의 방송상태 등을 승객의 입장에서 주의 깊게 듣고 반드시 피드백 하여 방송담 당승무원이 비행 중 최상의 기내방송을 할 수 있도록 협력하여야 한다.

TEST 기내방송 예문

승무원 여러분,
기내방송 상태를 점검하기 위한 테스트 방송입니다.
이 비행기는 ______까지 가는 / ______항공 ______편입니다.
감사합니다. 이상입니다.
각 ZONE별로 모니터링 결과를 말씀해 주십시오.

(2) PA 마이크 사용법

기내방송을 실시하는 담당 승무원은 기종에 따른 PA 마이크 종류와 특징, 사용법을 비행 전 반드시 숙지하고 방송해야 한다. PA 마이크는 항공기의 제조사와 항공기의 제조년도에 따라 상이하다.

PA 전용으로 인터폰과 분리된 형태의 마이크도 있지만 대부분은 인터폰과 PA를 겸하여 사용할 수 있다.

PA 마이크를 미숙하게 사용할 경우, 파열음으로 인해 기내에서의 정보전달에 지장을 주거나 승객이 듣기에 거북한 경우가 있다. 그러므로 기내방송담당 승무원은 항공기에 탑승하여 객실의 안전점검과 더불어 PA테스트 방송을 반드시 실시하여 비행 중 원활한 기내방송을 실시할 수 있어야 한다.

(3) 기내방송 발성 및 발음 연습

PA 마이크를 통한 기내방송은 육성과는 매우 다를 수 있다. 그러므로 방송담당 승무원은 본인의 음성이 PA 마이크를 통해 승객에게 친절하고 상냥하게 전달되도록 하여야 한다.

기내방송을 실시할 때 밖으로 내뱉는 발성의 경우에는 파열음으로 인해 잡음을 유발할 수 있으므로 가능한 안으로 호흡하는 발성법을 연습하여야 한다. 침이 튀는 경우에도 잡음을 유발할 수 있기 때문에 주의하여야 한다.

이 경우 한 겹의 Tissue나 Cocktail Napkin을 이용해서 잡음을 줄일 수도 있다. 발음연습을 할 때에는 기내방송 문구의 장음과 단음을 정확히 연습하여야 하며 경음의 경우도 소리 나는 대로 자연스럽게 발음하도록 연습하여야 한다.

기내방송담당 승무원은 올바른 발성법으로 또박또박 정성을 다해 정확한 발음으로 정보를 잘 전달하여야 하며 고객의 입장에서 듣기 좋은 경쾌하고 밝은 방송을 하여야 한다. 그러기 위한 좋은 방법으로 필자는 미소 지으며 방송하기를 강력하게 추천한다. 웃는 모습을 유지하여 방송을 하면 평소 본인 음성보다 더욱 상냥하고 밝은 음성의 기내방송이 될 수 있기 때문이다.

(4) 기내방송 주의사항

기내방송은 실시 전 꾸준한 연습을 통해 안정되고 듣기 좋은 음성으로 실시하여야 한다. 또 단어의 장음과 단음을 올바르게 숙지하고 실수 없이 정확한 발음으로 방송하여야 한다. 한국어 방송뿐 아니라 영어, 일본어, 중국어와 같은 외국어 방송의 경우에도 정확한 발음은 정확한 정보전달을 위해 반드시 필요하다. 방송담당 승무원은 평소에도 꾸준히 기내방송에 관심을 갖고 연습하여 듣기 좋은 기내방송을 만들기 위해 노력하여야 할 의무가 있다. 여승무원의 기내방송일 경우엔 미·파·솔 톤 중 본인의 음성을 고려하여 밝고 친절한 느낌을 주어야 하며, 부정확한 발음으로 탑승객의 궁금증을 조성하여서는 안 된다. 동일한 내용에 대해 추가적으로 방송을 해야 할 경우에는 적절한 간격을 조절하여 기내방송이 승객의 쾌적한 휴식을 방해하는 소음처럼 느껴지지 않도록 유의한다. 방송담당 승무원은 콧소리 즉 비음을 내거나 어린애 같은 말투, 혀 짧은 소리, 지방 사투리나 강한 억양 등 일반적으로 개인의 개성이 드러나지 않아야 한다. 또 일정한 억양을 반복적으로 사용하여 책을 읽는 듯한 느낌이나 진심이 담겨 있지 않은 느낌을 주어서도 안 된다.

기내방송 중 갑자기 큰 소리를 내지 않아야 하며, 기내방송을 실시할 경우 반드시 책자를 보면서 정확한 발음으로, 호흡을 조절하며, 띄어 읽어야 한다. 내용상 강조할 부분인 경우 발음을 정확하고 천천히 표현하여 승객들에게 잘 전달하여야 한다. Delay방송은 발생 직후 안내방송을 실시하고 변동사항이 있을 때는 즉시 안내방송을 하여 승객의 심리상태 및 시간의 흐름을 고려해 방송실시 간격을 조절한다.

마지막으로 부정기적으로 운항하는 경우 발생되는 특별방송은 회사의 영업이익, 대외 이미지 및 충성고객을 확보할 수 있는 중요한 기능이 있으므로 방송 시점 / 구간 / 일자를 준수해서 방송한다.

(5) 비행편명 읽는 법

한국어: 한 자리 단위로 끊어서 읽는다.
'0'은 "공"으로 읽는다.
(예: 202편은 '이공이편'으로)

영　어: 한 자리 단위로 끊어서 읽는다.
'0'은 "ZERO"로 읽는다.
단, '0'이 중간에 있는 편수는 "OU"로 읽어도 무방하다.
(예: 8700편은 Eight Seven Zero Zero로,
202편은 Two Zero Two 또는 Two Ou Two로 읽는다.)

(6) 영어시간과 날짜 읽는 법

12시간 개념으로 구분하여 시간 뒤에 A.M.과 P.M.을 붙여서 읽는다. 새벽 12시 1분부터 낮 12시까지는 A.M.을 붙이고, 낮 12시 1분부터 밤 12시까지는 P.M.을 붙인다. 밤 12시 정각은 Twelve Midnight, 낮 12시 정각은 Twelve Noon으로 읽는다. '분'을 읽을 경우 1분~9분까지는 Ou One - Ou Nine으로 발음한다.

PART Ⅱ

기내방송 실무(DOMESTIC FLIGHT)

1. 이륙 전 기내방송(한국어/영어)
2. 비행 중 기내방송Ⅰ(한국어/영어)
3. 비행 중 기내방송Ⅱ(한국어/영어)
4. 착륙 후 기내방송(한국어/영어)

제1장 이륙 전 기내방송(한국어/영어)

(1) BAGGAGE SECURING 1차 - 한국어

(방송실시시점 : 기내탑승 40 ~ 50% 완료시점)

손님 여러분,
가지고 계신 짐은 / 앞좌석 밑이나 선반 속에 보관해 주시고,
선반을 여실 때는 / 먼저 넣은 물건이 떨어지지 않도록 조심해 주십시오.
감사합니다.

실전연습 한국어

(1) BAGGAGE SECURING 1차

손님 여러분,
[손:님 여러븐]

가지고 계신 짐은 / 앞좌석 밑이나 선반 속에 보관해 주시고,
[짐:은] [좌:석 미치나] [쏘:게] [보:관]

선반을 여실 때는 / 먼저 넣은 물건이 떨어지지 않도록 조심해 주십시오.
[여:실 때에는] [떠러지지] [주십~쇼]

감사합니다.

(1) BAGGAGE SECURING 1차 - 영어

(방송실시시점 : 기내탑승 40 ~ 50% 완료시점)

Ladies and gentlemen,

For your comfort and safety, please put your carry-on baggage / in the overhead bins / or under the seat in front of you.

When you open the overhead compartments, please be careful as the contents may fall out.

Thank you.

실전연습 영어

(1) BAGGAGE SECURING 1차

Ladies and gentlemen,
[léidiz] [dʒéntlmən]

For your comfort and safety, please put your carry-on baggage / in the
[kʌmfərt] [séifti] [pliːz] [kǽri] [bǽgidʒ]

overhead bins / or under the seat in front of you.
[óver·héad][bin] [siːt]

When you open the overhead compartments, please be careful as the
[óver·héad][kəmpɑ́ːrtmənt] [kέərfəl]

contents may fall out.
[kɑ́ntent] [fɔːl][aut]

Thank you.
[θæŋk]

(2) BAGGAGE SECURING 2차 - 한국어

(방송실시시점 : 기내탑승 80 ~ 90% 완료시점)

손님여러분,
이 비행기는 _____까지 가는 ______항공 _____편입니다.
안전한 여행을 위해 가지고 계신 짐은 /
앞좌석 밑이나 선반 속에 보관해 주시고,
선반을 여실 때는 먼저 넣은 물건이 떨어지지 않도록 조심해 주십시오.
감사합니다.

실전연습 한국어

(2) BAGGAGE SECURING 2차

손님 여러분,
[손:님 여러븐]

이 비행기는 ______까지 가는 ______항공 ______편입니다.
[펴:님니다]

안전한 여행을 위해 가지고 계신 짐은 /
[안:전] [여행] [짐:은]

앞좌석 밑이나 선반 속에 보관해 주시고,
[좌:석] [미치나] [선반 쏘:게] [보:관]

선반을 여실 때는 먼저 넣은 물건이 떨어지지 않도록 조심해 주십시오.
[여실 때에는] [떠러지지] [주십~쇼]

감사합니다.

(2) BAGGAGE SECURING 2차 - 영어
(방송실시시점 : 기내탑승 80 ~ 90% 완료시점)

Ladies and gentlemen,
This is ______ air flight (NUMBER) / bound for (CITY NAME).
For your comfort and safety, please put your carry-on baggage / in the overhead bins / or under the seat in front of you.
When you open the overhead bins, please be careful as the contents may fall out.
Thank you.

실전연습 영어

(2) BAGGAGE SECURING 2차

Ladies and gentlemen,
[léidiz] [dʒéntlmən]

This is ____ air flight (_____) / bound for (_______).
[ɛər][flait] 편명 [baund] [fɔ́ːr] 목적지 도시명

For your comfort and safety, please put your carry-on baggage / in the
[kΛmfərt] [séifti] [pliːz] [kǽri] [bǽgidʒ]

overhead bins / or under the seat in front of you.
[óver·héad][bin] [Λndər] [siːt] [frʌnt]

When you open the overhead bins, please be careful as the
[óver·héad][bin] [pliːz] [kɛ́ərfəl]

contents may fall out.
[kántent] [fɔːl][aut]

Thank you.
[θæŋk]

(3) WELCOME : GENERAL - 한국어

(방송실시시점 : 기내탑승 완료/항공기 출입문 닫은 직후)

저희 ________항공을 찾아주신 손님 여러분, 안녕하십니까?

이 비행기는 ________까지 가는 /

________회원사인 ________항공 ________편입니다.

<table>
<tr><td rowspan="2">10분 이상
DELAY</td><td>[항공사 귀책사유인 경우]
출발이 예정시간보다 늦어 / 대단히 죄송합니다.</td></tr>
<tr><td>[항공사 귀책사유가 아닌 경우]
________ 관계로 / 출발이 예정시간보다 늦어진 점을 / 양해해 주시기 바랍니다.</td></tr>
</table>

목적지인 ________공항까지의 비행시간은 /

이륙 후 ________분으로 예정하고 있습니다.

오늘 ________ 기장과 ________ 사무장을 비롯한 저희 승무원들은 /

여러분을 ________까지 정성껏 모시겠습니다.

손님 여러분의 안전을 위해 / 좌석벨트를 매셨는지 확인해 주십시오.

또한 좌석 등받이는 세워 주시고 테이블은 제자리로 해 주십시오.

비행기 이착륙 시 / 항공법에 따라 휴대전화를 포함한 모든 전자제품을 /

사용하실 수 없습니다.

그리고 화장실과 기내에서는 금연해 주십시오.

정성을 다하는 저희 ________항공과 함께 편안한 여행을 하시기 바랍니다.

실전연습 한국어

(3) WELCOME : GENERAL

저희 ________항공을 찾아주신 손님 여러분, 안녕하십니까?
[항:공] [손:님 여러븐]

이 비행기는 ______까지 가는 / ______회원사인 ______항공 ______편입니다.
[목적지는 정확히] [항:공] [펴:님니다]

10분 이상 DELAY	[항공사 귀책사유인 경우] 출발이 예정시간보다 늦어 / 대단히 죄송합니다.
	[항공사 귀책사유가 아닌 경우] ________ 관계로 / 출발이 예정시간보다 늦어진 점을 / 양해해 주시기 바랍니다.

목적지인 ____공항까지의 비행시간은 / 이륙 후 ____분으로 예정하고 있습니다.
[이:륙 후–] [예:정]

오늘 _____ 기장과 _____ 사무장을 비롯한 저희 승무원들은 /

여러분을 _____까지 정성껏 모시겠습니다.
[정–성–껏]

손님 여러분의 안전을 위해 / 좌석벨트를 매셨는지 확인해 주십시오.
[안:전] [좌:석] [주십–쇼]

또한 좌석 등받이는 세워 주시고, 테이블은 제자리로 해 주십시오.
[또안] [좌:석] [주십–쇼]

비행기 이착륙 시 / 항공법에 따라 휴대전화를 포함한 모든 전자제품을 /
[항공뻡] [휴대 전-화] [전:자 제품]

사용하실 수 없습니다. 그리고 화장실과 기내에서는 금연해 주십시오.
[금:연해 주십-쇼]

정성을 다하는 저희 _____항공과 함께 편안한 여행을 하시기 바랍니다.
[정:성] [항:공] [여행을] [바람니다]

(3) WELCOME : GENERAL - 영어

(방송실시시점 : 기내탑승 완료/항공기 출입문 닫은 직후)

Good morning (afternoon, evening), ladies and gentlemen.
On behalf of Captain (FAMILY NAME) and the entire crew,
welcome aboard _____ Airlines bound for 목적지.

DELAYED (약 10분 이상 지연 경우)	[항공사 귀책사유인 경우] We are sorry for the delay.
	[항공사 귀책사유가 아닌 경우] Today, we are delayed due to _____.

Our flight time to 목적지 / will be _____minutes / after take-off.
If there is anything we can do / to make your flight more comfortable, our cabin crew is happy to serve you. Please enjoy the flight.
Thank you.

실전연습 영어

(3) WELCOME : GENERAL

Good morning (afternoon, evening), ladies and gentlemen.
[gud][mɔ́:rniŋ] [àfter·nóon] [í:vniŋ] [léidiz] [dʒéntlmən]

On behalf of Captain (FAMILY NAME) and the entire crew, welcome
[bihǽf] [kǽptən] [성씨] [intáiər][kru:] [wélkəm]

aboard ______ Airlines bound for 목적지.
[əbɔ́:rd] [baund]

DELAYED (약 10분 이상 지연 경우)	[항공사 귀책사유인 경우] We are sorry for the delay. [sári, sɔ́:ri] [diléi]
	[항공사 귀책사유가 아닌 경우] Today, we are delayed due to ______. [diléi] [dju:]

Our flight time to 목적지 / will be ______minutes / after take-off.
[flait] [mínit] [ǽftər][teik][ɔ:f]

If there is anything we can do / to make your flight more comfortable, our
[éniθiŋ] [meik] [kʌmfərtəbl]

cabin crew is happy to serve you. Please enjoy the flight.
[kǽbin][kru:] [hǽpi] [sə:rv] [pli:z] [indʒɔ́i] [fláit]

Thank you.
[θæŋk]

(4) SAFETY DEMONSTRATION - 한국어 영어 동시 실시

(방송실시시점 : Welcome 방송 직후, VIDEO 미상영 경우 – 승무원 시연)

DEMO담당 승무원 지침 – Demo용구 bag을 바닥에 놓고 그 위에 DEMO 순서대로 놓는다. (아래로부터 안내문, 구명복, 산소마스크, 좌석벨트의 순서로 정리 후 방송에 따라 시연한다.)

지금부터 이 비행기의 비상구 위치와 비상장비 사용법에 대해 안내해 드리겠습니다. 잠시 주목해 주시기 바랍니다.
Ladies and gentlemen,
We will now show you the safety features of this aircraft.
Please direct your attention for a few minutes to the cabin crew for safety information.

이 비행기의 비상구는 모두 ______개로 좌, 우에 각각 있습니다.
There are ______ emergency exits / on both sides of the aircraft.

좌석벨트 사인이 켜지면 / 좌석벨트를 매 주십시오.
When the seatbelt sign is on, / please fasten your seatbelt.

벨트는 버클을 끼워 허리 아래로 내려서 조여 주시고 / 풀 때는 덮개를 들어 올리시면 됩니다.
To fasten the seatbelt, / insert the link into the main buckle / and tighten the strap / across your hips securely.
To release the seatbelt, / raise the flap of the buckle.

산소마스크는 선반 속에 있으며 산소 공급이 필요한 비상시에 저절로 내려옵니다.
Your oxygen mask is in the overhead compartment / and it will drop automatically / when needed.

마스크가 내려오면 앞으로 잡아당겨 코와 입에 대시고 끈으로 머리에 고정하여 주십시오.
When the mask appears, / Pull the mask toward you, / and cover your nose and mouth, / then adjust the elastic head band.

도움이 필요한 동반자가 있을 때는 / 먼저 착용하신 후 도와 주시기 바랍니다.
Please put your mask on first / And then / help somebody who may need your assistance.

여러분의 좌석 (또는 팔걸이) 아래에 있는 구명복은 비행기가 바다에 내렸을 경우 사용하시게 됩니다.
Your life vest / is located under your seat (or beside your seat).

착용할 때는 머리 위에서부터 입으시고, / 양팔을 끼운 다음 / 끈을 아래로 당기십시오.
노란색 손잡이를 양 옆으로 잡아당겨 몸에 맞도록 조절해 주십시오.
To put the vest on, / slip it over your head, / then / adjust the straps / around your waist.

구명복은 기내에서 부풀지 않도록 / 유의해 주시고 / 부풀릴 때는 탈출 직전 / 비상구 앞에서 / 붉은색 손잡이를 당기시면 됩니다.
To inflate the vest / pull the red tabs down / in front of an exit door / just before leaving the aircraft.

충분히 부풀지 않을 때는 / 양쪽의 고무관을 힘껏 불어 주십시오.
You can also inflate it / by blowing into the tubes.

보다 자세한 사항은 앞좌석 주머니에 있는 안내문을 참고하시기 바랍니다.
For further information, / Please refer to the safety information card / In your seat pocket.

아울러 안내문에 설명된 바와 같이 항공기내에서의 흡연은 /엄격히 금지되어 있음을 알려드립니다.
Also, we'd like to remind you / that smoking is strictly prohibited during the flight.

감사합니다.
Thank you.

실전연습

(4) SAFETY DEMONSTRATION - 한국어 영어 동시 실시

DEMO담당 승무원지침 - Demo용구 bag을 바닥에 놓고 그 위에 DEMO 순서대로 놓는다. (아래로부터 안내문, 구명복, 산소마스크, 좌석벨트의 순서로 정리 후 방송에 따라 시연한다.)

지금부터 이 비행기의 비상구 위치와 비상장비 사용법에 대해
[지금부터–] [비행기에] [사용뻡]

안내해 드리겠습니다. 잠시 주목해 주시기 바랍니다.
[안:내] [잠시–] [바람니다]

Ladies and gentlemen,
[léidiz] [dʒéntlmən]

We will now show you / the safety features of this aircraft.
[ʃou] [séifti] [fí:ʧər] [áir·cràft]

Please direct your attention / for a few minutes to the cabin crew / for
[pli:z] [dirékt, dai–] [əténʃən] [fju:][mínit] [kǽbin][kru:]

safety information.
[séifti][ìnfərméiʃən]

이 비행기의 비상구는 모두 ______개로 좌, 우에 각각 있습니다.
[비행기에–] [모–두–]

There are _____ emergency exits / on both sides of the aircraft.
[imə́:rdʒənsi] [éksit] [bouθ][said] [áir·cràft]

좌석벨트 사인이 켜지면 / 좌석벨트를 매 주십시오.
[좌:석 벨트] [싸인] [켜:지면] [좌:석 벨트를] [매: 주십-쇼]

When the seatbelt sign is on, / please fasten your seatbelt.
[si:tbelt] [sain] [fǽsn:sən] [si:tbelt]

벨트는 버클을 끼워 허리 아래로 내려서 조여 주시고 / 풀 때는 덮개를 들어 올리시면 됩니다.
[허리-아래로-] [덥깨를-]

To fasten the seatbelt, / insert the link into the main buckle / and tighten the strap / across your hips securely.
[fǽsn:sən] [insə́:rt] [liŋk] [mein][bΛkl] [táitn]
[stræp][əkrɔ́:s, əkrɑ́s] [hip][sikjúərli]

To release the seatbelt, / raise the flap of the buckle.
[rilí:s] [reiz] [flæp] [bΛkl]

산소마스크는 선반 속에 있으며 / 산소 공급이 필요한 비상시에 저절로 내려옵니다.
[선:반 쏘게]

Your oxygen mask / is in the overhead compartment / and it will drop automatically / when needed.
[ɑ́ksidʒen][mæsk] [óver·héad] [kəmpɑ́:rtmənt] [drap]
[ɔ̀:təmǽtikəli]

마스크가 내려오면 / 앞으로 잡아당겨 코와 입에 대시고 / 끈으로 머리에 고정하여
[잡-아 당겨] [고:정]

주십시오.
[주십-쇼]

When the mask appears, / Pull the mask toward you, / and cover your
[mæsk][əpíərs] [pul] [mæsk][tɔ́:rd,təwɔ́:rd] [kʌvə(r)]

nose and mouth, / then adjust the elastic head band.
[nouz] [mauθ] [ədʒʌst] [ilǽstik][hed][bænd]

도움이 필요한 동반자가 있을 때는 / 먼저 착용하신 후 도와 주시기 바랍니다.
[있을 때에는] [착용하신 후-]

Please put your mask on first / And then help somebody / who may need
[pli:z] [mæsk] [fə:rst] [sʌmbὰdi, sʌmbʌdi, sʌmbədi] [mei][ni:d]

your assistance.
[əsístəns]

여러분의 좌석 (또는 팔걸이) 아래에 있는 구명복은 / 비행기가 바다에 내렸을 경
[여러분에 좌:석]

우 사용하시게 됩니다.

Your life vest / is located under your seat (or beside your seat).
[laif][vest] [ʌndər] [bisáid]

착용할 때는 / 머리 위에서부터 입으시고. / 양팔을 끼운 다음 / 끈을 아래로
[때에는] [위:에서부터]

당기십시오.
[당기십-쇼]

노란색 손잡이를 양 옆으로 잡아당겨 / 몸에 맞도록 조절해 주십시오.
[잡:아 당:겨] [몸:에] [조:절] [주십-쇼]

To put the vest on, / slip it over your head, / then adjust the straps /
[vest] [slip] [hed] [ədʒʌst] [stræp]

around your waist.
[əráund] [weist]

구명복은 기내에서 부풀지 않도록 유의해 주시고 / 부풀릴 때는 탈출직전 / 비상
[유:의해] [탈:출 직:전]

구 앞에서 / 붉은색 손잡이를 당기시면 됩니다.
[앞:에서]

To inflate the vest / pull the red tabs down in front of an exit door /
[infléit] [vest] [red][tæbs] [frʌnt] [égzit, éksit]

just before leaving the aircraft.
[lí:viŋ] [áir·cràft]

충분히 부풀지 않을 때는 / 양쪽의 고무관을 힘껏 불어 주십시오.
[아늘 때:에는] [고무과늘] [부러 주십-쇼]

You can also inflate it / by blowing into the tubes.
[ɔ́:lsou][infléit] [blóuiŋ] [intə] [tju:bs]

보다 자세한 사항은 앞좌석 주머니에 있는 안내문을 참고하시기 바랍니다.
[앞 짜:석]

For further information, / Please refer to the safety information card / In
[fə́:rðər] [ìnfərméiʃən] [pli:z] [rifə́:r] [séifti][ìnfərméiʃən][ka:rd]

your seat pocket.
[pάkit]

아울러 안내문에 설명된 바와 같이/ 항공기내에서의 흡연은 엄격히 금지되어
[아울러-] [흡:연은] [엄-껴-키][금:지]

있음을 알려드립니다.

Also, we'd like to remind you / that smoking is strictly prohibited /
[ɔ́:lsou] [rimáind] [smóukiŋ] [stríktli] [prouhíbit]

during the flight.
[djúəriŋ] [flait]

감사합니다.
[감:사함니다]

Thank you.
[θæŋk]

(5) TAKE OFF - 한국어

(방송실시시점 : 3회 chime bell signal 직후)

손님 여러분,

저희 비행기 곧 이륙하겠습니다.

좌석벨트를 매셨는지 다시 한번 확인해 주십시오.

감사합니다.

실전연습 한국어

(5) TAKE OFF

(방송실시시점 : 3회 chime bell signal 직후)

손님 여러분,
[손:님 여러븐]

저희 비행기 곧 이륙하겠습니다.
[이:륙 카겠씁니다]

좌석벨트를 매셨는지 / 다시 한번 확인해 주십시오.
[좌:석 벨트를] [매:셨는지–] [화긴 해– 주십: 쇼]

감사합니다.
[감:사함니다]

(5) TAKE OFF - 영어

(방송실시시점 : 3회 chime bell signal 직후)

Ladies and gentlemen

We will be taking-off soon.

Please fasten your seatbelt.

Thank you.

실전연습 영어

(5) TAKE OFF

(방송실시시점 : 3회 chime bell signal 직후)

Ladies and gentlemen
[léidiz] [dʒéntlmən]

We will be taking-off soon.
[téikiŋ][ɔ:f] [su:n]

Please fasten your seatbelt.
[pli:z] [fǽsn] [si:tbelt]

Thank you.
[θæŋk]

제2장 비행 중 기내방송 Ⅰ(한국어/영어)

(1) SEATBELT SIGN OFF – 한국어

(방송실시시점 : SEATBELT SIGN OFF 직후)

손님 여러분, 방금 좌석벨트 사인이 꺼졌습니다.

그러나 기류변화로 비행기가 갑자기 흔들릴 수 있으니, / 자리에 앉아 계실 때는 / 항상 좌석벨트를 매 주시기 바랍니다.

그리고, 선반 속의 물건을 꺼내실 때는 / 안에 있는 짐들이 떨어지지 않도록 조심해 주십시오.

지금부터 / CD플레이어나 노트북 등을 사용하실 수 있습니다.

사용하실 수 있는 전자제품에 대한 자세한 내용은 / 기내지인 _____magazine을 / 참고해 주십시오.

감사합니다.

실전연습 한국어

(1) SEATBELT SIGN OFF

(방송실시시점 : SEATBELT SIGN OFF 직후)

손님 여러분, / 방금 좌석벨트 사인이 꺼졌습니다.
[손:님 여러븐] [좌:석 벨트] [싸이니] [꺼-졌씀니다]

그러나 기류변화로 비행기가 갑자기 흔들릴 수 있으니, / 자리에 앉아 계실 때는 /
[기:류 변-화로] [갑짜기] [자리에 안-자] [때에는]

항상 좌석벨트를 매 주시기 바랍니다.
[좌:석 벨트를] [매-]

그리고, 선반 속의 물건을 꺼내실 때는 / 안에 있는 짐들이 떨어지지 않도록 조
[선반 쏘게] [때에는] [짐드리] [떠러지지]

심해 주십시오.

지금부터 CD플레이어나 노트북 등을 사용하실 수 있습니다.
[지:금부터-]

사용하실 수 있는 전자제품에 대한 자세한 내용은 / 기내지인 _____magazine을 /
[전:자 제푸메] [매거 지인-]

참고해 주십시오.

감사합니다.
[감:사함니다]

(1) SEATBELT SIGN OFF - 영어

(방송실시시점 : SEATBELT SIGN OFF 직후)

Ladies and gentlemen,

The seatbelt sign is now off.

For your safety, / please keep your seatbelt fastened / while seated.

When opening the overhead bins, / be careful as the contents may fall out.

You may now use / CD players and laptop computers.

For further information / on the types of electronic devices / allowed on board / please refer to the ______magazine / in your seat pocket.

Thank you.

실전연습 영어

(1) SEATBELT SIGN OFF

(방송실시시점 : SEATBELT SIGN OFF 직후)

Ladies and gentlemen,
[léidiz] [dʒéntlmən]

The seatbelt sign is now off.
[sain] [nau][ɔ:f]

For your safety, please keep your seatbelt fastened while seated.
[séifti] [ki:p] [fǽsn:sən][hwail][sí:tid]

When opening the overhead bins, be careful as the contents may fall out.
[óupəniŋ] [óver·héad][bin] [kέərfəl] [kάntentts] [fɔ:l][aut]

You may now use CD players and laptop computers.
[láp·tòp][kəmpjú:tər]

For further information on the types of electronic devices allowed on board /
[fə́:rðər][infərméiʃən] [taip] [ilektránik] [diváis] [əláud] [bɔ:rd]

please refer to the magazine in your seat pocket.
[rifə́:r] [mægəzí:n]

Thank you.
[θæŋk]

(2) TURBULENCE : LIGHT - 한국어

(방송실시시점 : TURBULENCE CHIME 1회와 SIGN ON 시)

안내말씀 드리겠습니다.

a. 기류변화로 비행기가 흔들릴 것으로 예상됩니다. (아직 흔들림이 없을 경우)

b. 기류변화로 비행기가 흔들리고 있습니다.

여러분의 안전을 위해 / 자리에 앉아 좌석벨트를 매 주시기 바랍니다.

감사합니다.

실전연습 한국어

(2) TURBULENCE : LIGHT

(방송실시시점 : TURBULENCE CHIME 1회와 SIGN ON 시)

안내말씀 드리겠습니다.
[안:내말씀]

a. 기류변화로 비행기가 흔들릴 것으로 예상됩니다. (아직 흔들림이 없을 경우)
[기:류 변:화로] [예:상]

b. 기류변화로 비행기가 흔들리고 있습니다.
[기:류 변:화로]

여러분의 안전을 위해 / 자리에 앉아 좌석벨트를 매 주시기 바랍니다.
[여러분에–] [안:전] [위해–] [안자] [좌:석벨트를] [매–주시기] [바람니다]

감사합니다.
[감:사함니다]

(2) TURBULENCE : LIGHT - 영어

(방송실시시점: TURBULENCE CHIME 1회와 SIGN ON 시)

Ladies and gentlemen,

a. We will be passing through / an area of turbulence

b. We are now passing through / an area of turbulence.

Please return to your seat / and fasten your seatbelt.

Thank you.

실전연습 영어

(2) TURBULENCE : LIGHT

(방송실시시점: TURBULENCE CHIME 1회와 SIGN ON 시)

Ladies and gentlemen,
[léidiz] [dʒéntlmən]

a. We will be passing through an area of turbulence
[pǽsiŋ] [θruː] [έəriə] [tə́ːrbjuləns]

b. We are now passing through an area of turbulence.
[pǽsiŋ] [θruː] [έəriə] [tə́ːrbjuləns]

Please return to your seat and fasten your seatbelt.
[pliːz] [ritə́ːrn] [fǽsn]

Thank you.
[θæŋk]

(3) TURBULENCE : SEVERE - 한국어

(방송실시시점: TURBULENCE CHIME 2회와 SIGN ON 시)

안내말씀 드리겠습니다.
a. 기류변화로 비행기가 흔들릴 것으로 예상됩니다. (아직 흔들림이 없을 경우)
b. 기류변화로 비행기가 흔들리고 있습니다.
좌석벨트를 매셨는지 / 다시 한번 확인해 주시기 바랍니다.

[심한 TURBULENCE 경우 기장이나 사무장의 판단으로 서비스 일시 중단]
또한 / 잠시 음료서비스를 중단하겠습니다. 기류가 좋아지는 대로 / 음료 서비스를 시작하겠으니 / 양해해주시기 바랍니다. 감사합니다.

실전연습 한국어

(3) TURBULENCE : SEVERE

(방송실시시점: TURBULENCE CHIME 2회와 SIGN ON 시)

안내말씀 드리겠습니다.
[안:내말씀]

a. 기류변화로 비행기가 흔들릴 것으로 예상됩니다. (기장으로부터 기류변화 예
[기:류 변:화로] [예:상됩니다]

상 정보를 받았을 경우 - 아직 흔들림이 없을 경우)

b. 기류변화로 비행기가 흔들리고 있습니다.
[기:류 변:화로] [흔–들리고]

좌석벨트를 매셨는지 / 다시 한번 확인해 주시기 바랍니다.
[좌:석벨트를] [화긴해 주시기 바람니다]

[심한 TURBULENCE 경우 기장이나 사무장의 판단으로 서비스 일시 중단]

또한 / 잠시 음료 서비스를 중단하겠습니다.
[음:료 서비스를]

기류가 좋아지는 대로 / 음료 서비스를 시작하겠으니 / 양해해주시기 바랍니다.
[기:류] [양:애해-]

감사합니다.
[감:사함니다]

(3) TURBULENCE : SEVERE - 영어

(방송실시시점: TURBULENCE CHIME 2회와 SIGN ON 시)

Ladies and gentlemen,

a. We will be passing through / an area of turbulence

b. We are now passing through / an area of turbulence.

Please return to your seat / and fasten your seatbelt.

[심한 TURBULENCE 경우 기장이나 사무장의 판단으로 서비스 일시 중단]

Also, / we will be suspending the beverage service.
The service will be continued / as soon as conditions improve.

Thank you.

실전연습 영어

(3) TURBULENCE : SEVERE

(방송실시시점: TURBULENCE CHIME 2회와 SIGN ON 직후)

Ladies and gentlemen,
[léidiz] [dʒéntlmən]

a. We will be passing through an area of turbulence
[pǽsiŋ] [θruː] [ɛ́əriə] [tə́ːrbjuləns]

b. We are now passing through an area of turbulence.
[pǽsiŋ] [θruː] [ɛ́əriə] [tə́ːrbjuləns]

Please return to your seat and fasten your seatbelt.
[pliːz] [ritə́ːrn] [fǽsn]

[심한 TURBULENCE 경우 기장이나 사무장의 판단으로 서비스 일시 중단]

Also, we will be suspending the beverage service.
[ɔ́ːlsou] [səspénd] [bévəridʒ][sə́ːrvis]

The service will be continued as soon as conditions improve.
[sə́ːrvis] [kəntínjuːd] [kəndíʃəns] [imprúːv]

Thank you.
[θæŋk]

제3장 비행 중 기내방송 II (한국어/영어)

(1) APPROACHING - 한국어

(방송실시시점 : 20,000 FEET 도달 후 기장의 SIGN 직후,
CHIME 1회와 SEATBELT SIGN ON 시)

손님 여러분,
이 비행기는 약 _____분 후에 _____(국제)공항에 / 도착하겠습니다.
감사합니다.

실전연습 한국어

(1) APPROACHING

(방송실시시점 : 20,000 FEET 도달 후 기장의 SIGN 직후,
CHIME 1회와 SEATBELT SIGN ON 시)

손님 여러분,
[손:님 여러븐]

이 비행기는 약 _____분 후에 _____(국제)공항에 / 도착하겠습니다.
[약-ㅇㅇ분 후에-] [공:항] [도:착]

감사합니다.
[감:사함니다]

(1) APPROACHING - 영어

(방송실시시점 : 20,000 FEET 도달 후 기장의 SIGN 직후, CHIME 1회와 SEATBELT SIGN ON 시)

Ladies and gentlemen,

Now we are approaching / ______ (international) airport.

Thank you.

실전연습 영어

(1) APPROACHING

(방송실시시점 : 20,000 FEET 도달 후 기장의 SIGN 직후, CHIME 1회와 SEATBELT SIGN ON 시)

Ladies and gentlemen.
[léidiz] [dʒéntlmən]

Now we are approaching ______ (international) airport.
[əpróutʃ] [ìntərnǽʃənəl] [áir·pɔ̀rt]

Thank you.
[θæŋk]

(2) LANDING - 한국어

(방송실시시점 : 10,000 FEET 도달 후 기장의 SIGN 직후,
CHIME 3회와 SEATBELT SIGN 점멸 3회)

손님 여러분,

이 비행기는 곧 착륙하겠습니다.

꺼내 놓으신 짐들은 / 선반 속과 앞좌석 밑에 보관해 주시고, / 등받이와 발 받침대, 테이블을 제자리로 해주십시오.

그리고 좌석벨트를 매셨는지 확인해 주시고, / 지금부터 모든 전자기기의 사용을 삼가시기 바랍니다.

감사합니다.

실전연습 한국어

(2) LANDING

(방송실시시점 : 10,000 FEET 도달 후 기장의 SIGN 직후,
CHIME 3회와 SEATBELT SIGN 점멸 3회)

손님 여러분,
[손:님 여러븐]

이 비행기는 곧 착륙하겠습니다.
[창:뉵]

꺼내 놓으신 짐들은 / 선반 속과 앞 좌석 밑에 보관해 주시고, 등받이와 발 받침대,
[짐:들은] [선:반 쏘꽈] [좌:석 미테] [보:관해] [등바지와–]

테이블을 제자리로 해주십시오.
[제:자리로]

그리고 좌석벨트를 매셨는지 확인해 주시고, 지금부터 모든 전자기기의 사용을 삼
[좌:석 벨트를] [매:셨는지] [화긴해 주시고] [지:금부터–] [전:자기기에]

가시기 바랍니다.

감사합니다.
[감:사함니다]

(2) LANDING - 영어

(방송실시시점 : 10,000 FEET 도달 후 기장의 SIGN 직후,
CHIME 3회와 SEATBELT SIGN 점멸 3회)

Ladies and gentlemen,

We will be landing shortly.

Please stow your carry-on baggage / and return your seat back, footrest and tray table / to the upright position.

Also / please check / that your seatbelt is fastened / and discontinue the use of all electronic devices / until the aircraft is parked at the gate.

Thank you for your cooperation.

실전연습 영어

(2) LANDING

(방송실시시점 : 10,000 FEET 도달 후 기장의 SIGN 직후,
CHIME 3회와 SEATBELT SIGN 점멸 3회)

Ladies and gentlemen,
[léidiz] [dʒéntlmən]

We will be landing shortly.
[lǽndiŋ] [ʃɔ́ːrtli]

Please stow your carry-on baggage and return your seat back, footrest and
[stou] [kǽri] [bǽgidʒ] [ritə́ːrn] [siːt][bæk][fóot·rèst]

tray table / to the upright position.
[trei][téibl] [ʌpràit] [pəzíʃən]

Also please check that your seatbelt is fastened / and discontinue the
[ɔ́ːlsou] [ʧek] [fǽsn] [diskəntínjuː][ðiː]

use of all electronic devices / until the aircraft / is parked at the gate.
[juːz] [ilektránik] [diváis] [əntíl][ðiː][áir·cràft] [paːrk] [geit]

Thank you for your cooperation.
[θæŋk] [kouàpəréiʃən]

(3) 기간에 따른 방송 특성문안

가. 새해인사 – 한국어

(실시기간 및 방송실시시점 : 신정연휴기간 Welcome 방송 서두에 붙여 먼저 방송)

손님 여러분, / ______년 새해가 밝았습니다.

새해 복 많이 받으십시오.

늘 오늘과 같은 행복한 희망을 안고 지내시기 바랍니다.

이 비행기는 ______까지 가는 / ______회원사인 ______항공 ______편입니다.

실전연습 한국어

가. 새해인사

(실시기간 및 방송실시시점 : 신정연휴기간 Welcome 방송 서두에 붙여 먼저 방송)

손님 여러분, ______년 새해가 밝았습니다.
[손:님 여러븐] [발갔씀니다]

새해 복 많이 받으십시오.
[새:해] [받으십–쇼]

늘 오늘과 같은 행복한 희망을 안고 지내시기 바랍니다.
[희망을 안꼬 지내–시기 바람니다]

이 비행기는 ______까지 가는 / ______회원사인 ______항공 ______편입니다.
[회:원사인] [항:공] [펴:님니다]

가. 새해인사 – 영어

(실시기간 및 방송실시시점 : 신정연휴기간 Welcome 방송 서두에 붙여 먼저 방송)

Happy New Year, ladies and gentlemen.
On behalf of Captain ______(LAST NAME) and the entire crew, welcome aboard _____Airlines, / a member of _____ (항공동맹명), flight _____(편명) bound for _____(목적지).
Our flight time to _______(목적지)/will be _______(비행시간)minutes after take-off.

실전연습 영어

가. 새해인사

(실시기간 및 방송실시시점 : 신정연휴기간 Welcome 방송 서두에 붙여 먼저 방송)

Happy New Year, ladies and gentlemen.
[hǽpi] [nuː] [jiər] [léidiz] [dʒéntlmən]

On behalf of Captain ______(LAST NAME) and the entire crew, welcome
[bihǽf] [kǽptən] [intáiər][kruː] [wélkə]

aboard ______Airlines, a member of ______ (항공동맹명), flight _____(편명)
[əbɔ́ːrd] [mémbər] [flait]

bound for _____(목적지).
[baund][fər; fɔ́ːr]

Our flight time to _______(목적지) / will be _______(비행시간)minutes
[auər;][flait] [taim] [mínit]

after take-off.
[ǽftər][teik][ɔːf]

나. 설날 – 한국어

(실시기간 및 방송실시시점 : 설날연휴기간 Welcome 방송 서두에 붙여 먼저 방송)

손님 여러분, 새해 복 많이 받으십시오. (하단 box의 a. b 중 택일)

a. 설날 당일	우리 민족의 고유 명절인 설날입니다. 새로운 희망과 넉넉한 마음을 함께 나누는 / 훈훈한 설날을 보내시기 바랍니다.
b. 연휴기간	가족과 이웃이 함께 정을 나누는 / 즐거운 설 명절입니다. 새로운 희망과 넉넉한 마음을 함께 나누는 / 행복한 설 연휴를 보내시기 바랍니다.

이 비행기는 ______까지 가는 / ______ 회원사인 ______항공 ______편입니다.

실전연습 한국어

나. 설날

손님 여러분, 새해 복 많이 받으십시오. (하단 box의 a. b 중 택일)
[손:님 여러븐] [마니 받으십-쇼]

a. 설날 당일	우리 민족의 고유 명절인 설날입니다. 새로운 희망과 넉넉한 마음을 함께 나누는 / 훈훈한 설날을 보내시기 바랍니다.
b. 연휴기간	가족과 이웃이 함께 정을 나누는 / 즐거운 설 명절입니다. 새로운 희망과 넉넉한 마음을 함께 나누는 / 행복한 설 연휴를 보내시기 바랍니다.

이 비행기는 ______까지 가는 /______ 회원사인 ______항공 ______편입니다.
[회:원사인] [항:공] [펴:님니다]

나. 설날 – 영어

(실시기간 및 방송실시시점 : 설날연휴기간 Welcome 방송 서두에 붙여 먼저 방송)

Good morning (afternoon, evening), / ladies and gentlemen.

On behalf of Captain ______(LAST NAME) and the entire crew, / welcome aboard ______Airlines, / a member of ______(항공동맹명), flight ______(편명) bound for ______(목적지).

It is our great pleasure to have you and on board / for the lunar calendar New Year.

Our flight time to __(목적지) / will be ___(비행시간) minutes after take-off.

실전연습 영어

나. 설날

(실시기간 및 방송실시시점 : 설날연휴기간 Welcome 방송 서두에 붙여 먼저 방송)

Good morning (afternoon, evening), ladies and gentlemen.
[gud][mɔ́ːrniŋ] [àfter·nóon] [íːvniŋ] [léidiz] [dʒéntlmən]

On behalf of Captain ________(LAST NAME) and the entire crew, welcome
[bihǽf] [kǽptən] [intáiər][kruː] [wélkəm]

aboard _____Airlines, a member of _____(항공동맹명), flight _____(편명) bound
[əbɔ́ːrd] [mémbər] [baund]

for ______(목적지).
[fɔ́ːr]

It is our great pleasure to have you and on board / for the lunar
[greit] [pléʒər] [bɔ:rd] [lú:nər]

calendar New Year.
[kæləndər]

Our flight time to ______(목적지) / will be ______(비행시간)minutes after
[flait] [taim] [æftər]

take-off.
[teik][ɔ:f]

week 5주

다. 추석 – 한국어
(실시기간 및 방송실시시점 : 추석연휴기간 Welcome 방송 서두에 붙여 먼저 방송)

저희 ______항공을 찾아주신 고객 여러분, 안녕하십니까.

추석당일	우리 민족의 고유 명절인 한가위입니다. 고향을 향하는 마음만큼 / 훈훈함이 가득한 한가위 추석을 보내시기 바랍니다.
연휴기간	가족과 이웃이 함께 할 수 있어 즐거운 추석 명절입니다. 늘 한가위 같은 풍성함이 / 여러분과 함께 하시기를 바랍니다.

이 비행기는 ______까지 가는 / ______회원사인 ______항공 ______편입니다.

실전연습 한국어

다. 추석

저희 ______항공을 찾아주신 고객 여러분, / 안녕하십니까?
[항:공] [차자주신-] [고객 여러븐-]

추석당일	우리 민족의 고유 명절인 한가위입니다. 고향을 향하는 마음만큼 / 훈훈함이 가득한 한가위 추석을 보내시기 바랍니다.
연휴기간	가족과 이웃이 함께 할 수 있어 즐거운 추석 명절입니다. 늘 한가위 같은 풍성함이 / 여러분과 함께 하시기를 바랍니다.

이 비행기는 ______까지 가는 / ______회원사인 ______항공 ______편입니다.
[목적지명을 정확히 발음] [회-원사] [항:공] [펴:님니다]

다. 추석 – 영어

(실시기간 및 방송실시시점 : 추석연휴기간 Welcome 방송 서두에 붙여 먼저 방송)

Good morning (afternoon, evening), ladies and gentlemen.
On behalf of Captain ____(FAMILY NAME) and the entire crew,
welcome aboard ______Airlines, / a member of ______(항공동맹명),
flight ______(편명) bound for ______(목적지).

[추석당일]
[It is our great pleasure / to have you on board for '추석', which is Korea's Thanksgiving Day.]
Our flight time to ___(목적지) / will be ___(비행시간)minutes after take-off.

실전연습 영어

다. 추석

(실시기간 및 방송실시시점 : 추석연휴기간 Welcome 방송 서두에 붙여 먼저 방송)

Good morning (afternoon, evening), ladies and gentlemen.
[gud][mɔ́:rniŋ] [àfter·nóon] [í:vniŋ] [léidiz] [dʒéntlmən]

On behalf of Captain _____(FAMILY NAME) and the entire crew, welcome
[bihǽf] [intáiər][kru:] [wélkəm]

aboard _____Airlines, a member of _____(항공동맹명), flight _____(편명)
[əbɔ́:rd] [mémbər]

bound for _____(목적지).

[추석당일]

[It is our great pleasure / to have you on board for '추석', which
[greit] [pléʒər] [bɔ:rd]

is Korea's Thanksgiving Day.
[kərí:ə] [θæŋksgíviŋ] [dei]

Our flight time to _______(목적지) / will be _____(비행시간)minutes after
[flait] [mínit]

take-off.
[teik][ɔ:f]

(4) 상황에 따른 방송 특성문안

가. 신혼여행객 탑승(출발편)

예문)

저희 _____항공을 찾아주신 손님 여러분, 안녕하십니까.

그리고, 오늘 이 비행기에 탑승하신 신혼부부 여러분, 새로운 출발을 진심으로 축하드립니다.

아름다운 추억이 가득한 신혼여행을 즐기시기 바랍니다.

이 비행기는 _____까지 가는 / _____ 회원사인 _____항공 _____편입니다.

실전연습 한국어

가. 신혼여행객 탑승(출발편)

예문)

저희 _____항공을 찾아주신 손님 여러분, 안녕하십니까.
[항:공을] [차자주신–] [손:님 여러븐]

그리고, 오늘 이 비행기에 탑승하신 신혼부부 여러분, 새로운 출발을 진심으로
[탑씅하신] [여러븐] [진:심으로]

로 축하드립니다.

아름다운 추억이 가득한 신혼여행을 즐기시기 바랍니다.
[추:억] [신:혼 여행]

이 비행기는 _____까지 가는 / _____ 회원사인 _____항공 _____편입니다.
[회–원사인] [항:공]

나. 수학(졸업)여행 단체 탑승(출발편 / 도착편)

저희 ______항공을 찾아주신 손님 여러분 / 안녕하십니까.

출발편	그리고, (학교명)학교 학생(초등학생 경우 - 어린이) 여러분, 탑승을 진심으로 환영하며 / 즐거운 여행되시기 바랍니다. 이 비행기는 _____까지 가는 / _____회원사인 _____항공 _____편입니다.
도착편	그리고 (학교명)초등학교 어린이 여러분, 수학(졸업)여행을 재미있게 보내셨습니까. 밝고 씩씩한 어린이 여러분을 만나게 되어 대단히 반갑습니다. 이 비행기는 _____까지 가는 / _____회원사인 _____항공 ____편입니다.
	그리고 (학교명)학교 학생 여러분, 수학(졸업)여행은 즐거우셨습니까. 항상 건강하고 아름다운 학창시절을 보내시기 바랍니다. 이 비행기는 _____까지 가는 / _____회원사인 _____항공 _____편입니다.

실전연습 한국어

나. 수학(졸업)여행 단체 탑승(출발편 / 도착편)

저희 ______항공을 찾아주신 손님 여러분 안녕하십니까.
[항:공] [차자주신-] [손:님 여러븐]

<table>
<tr><td>출발편</td><td>그리고, (학교명)학교 학생(초등학생 경우 – 어린이) 여러분,
[여러븐]

탑승을 진심으로 환영하며 / 즐거운 여행되시기 바랍니다.
[탑씅] [진:심으로]

이 비행기는 _____까지 가는 / _____회원사인 _____항공 _____편입니다.
[회:원사인] [항:공]</td></tr>
<tr><td rowspan="2">도착편</td><td>그리고 (학교명)초등학교 어린이 여러분,
[여러븐]

수학(졸업)여행을 재미있게 보내셨습니까.

밝고 씩씩한 어린이 여러분을 만나게 되어 대단히 반갑습니다.
[여러븐] [대:단히]

이 비행기는 _____까지 가는 / _____회원사인 ____항공 ____편입니다.
[회:원사] [항:공] [펴:님니다]</td></tr>
<tr><td>그리고 (학교명)학교 학생 여러분,
[여러븐]

수학(졸업)여행은 즐거우셨습니까.
[여:행은]

항상 건강하고 아름다운 학창시절을 보내시기 바랍니다.
[항:상] [보:내시기] [바람니다]

이 비행기는 _____까지 가는 / _____회원사인 _____항공 _____편입니다.
[비:행기는] [회:원사] [항:공] [펴:님니다]</td></tr>
</table>

제4장 착륙 후 기내방송(한국어/영어)

(1) FAREWELL : GENERAL - 한국어

(방송실시시점 : 착륙 후 엔진소음 감소 직후)

손님 여러분, 이 비행기는 방금 ______공항에 도착했습니다.

15분 DELAY	[회사책임] 도착이 예정시간보다 늦어 / (대단히) 죄송합니다.
	[회사책임 이외] _____관계로 / 도착이 예정시간보다 늦어진 점 / 양해해 주십시오.

지금 이곳 시간은 / 오전(오후) ______시 ______분입니다.
여러분의 안전을 위해 / 비행기가 완전히 멈춘 후 / 좌석벨트 사인이 꺼질 때까지 / 자리에서 기다려 주십시오.
아울러 휴대전화는 / 비행기에서 내리신 다음 전원을 켜 주시기 바랍니다.
선반을 여실 때는 / 안에 있는 물건이 떨어지지 않도록 조심해 주시고, / 잊으신 물건이 없는지 / 다시 한번 살펴주십시오.

[ICN 도착편]
그리고 / *(김해, 제주, 대구) 공항에서 대한항공 국제선 연결수속을 모두 마치신 손님께서는 / 3층 출국장으로 바로 가시기 바랍니다. (*출발지 공항)
또한/ 다른 항공사로 여행을 계속하시거나, 국제선 연결 수속을 밟지 않으신 손님께서는 짐을 찾으신 후 / 3층 해당 항공사 카운터에서 탑승수속을 하시기 바랍니다.

______회원사인 ______항공과 늘 함께 해주시는 손님 여러분, / 감사합니다.
저희 승무원들은 여러분의 변함없는 사랑에 보답하는 마음으로 / 한결같이 정성을 다하겠습니다.
감사합니다. / 안녕히 가십시오.

실전연습 한국어

(1) FAREWELL : GENERAL

(방송실시시점 : 착륙 후 엔진소음 감소 직후)

손님 여러분, / 이 비행기는 방금 ______공항에 도착했습니다.
[손:님 여러븐] [공:항] [도:착]

<table>
<tr><td rowspan="2">15분
DELAY</td><td>[회사책임]
도착이 예정시간보다 늦어 / (대단히) 죄송합니다.</td></tr>
<tr><td>[회사책임 이외]
______관계로 / 도착이 예정시간보다 늦어진 점 / 양해해 주십시오.</td></tr>
</table>

지금 이곳 시간은 / 오전(오후) ______시 ______분입니다.

여러분의 안전을 위해 / 비행기가 완전히 멈춘 후 / 좌석벨트 사인이 꺼질 때까지 /
[여러븐에 안:전] [멈춘 후–] [좌:석벨트] [싸인이] [때까지–]

자리에서 기다려 주십시오.
[주십–쇼]

아울러 / 휴대전화는 비행기에서 내리신 다음 전원을 켜 주시기 바랍니다.
[켜: 주시기]

선반을 여실 때는 / 안에 있는 물건이 떨어지지 않도록 조심해 주시고, 잊으신 물
[여실 때에는] [떠러지지] [조:심해] [이즈신]

건이 없는지 / 다시 한번 살펴주십시오.
[살펴 주십–쇼]

[ICN 도착편]

그리고 / *(김해, 제주, 대구) 공항에서 대한항공 국제선 연결수속을 모두 마치신 손님께서는 / 3층 출국장으로 바로 가시기 바랍니다. (*출발지 공항)
또한 / 다른 항공사로 여행을 계속하시거나, 국제선 연결 수속을 밟지 않으신 손님께서는 짐을 찾으신 후 / 3층 해당 항공사 카운터에서 탑승수속을 하시기 바랍니다.

______회원사인 ______항공과 늘 함께 해주시는 손님 여러분, / 감사합니다.
[회:원사인] [항:공] [손:님 여러븐]

저희 승무원들은 여러분의 변함없는 사랑에 보답하는 마음으로 / 한결같이 정성을
[여러븐에 변:함없는] [한결가치] [정:성을]

다하겠습니다.

감사합니다. / 안녕히 가십시오.
[감:사함니다] [안녕히 가십–쇼]

(1) FAREWELL : GENERAL - 영어

(방송실시시점 : 착륙 후 엔진소음 감소 직후)

Ladies and gentlemen,
We have landed / at ______(Int'l) airport.

15분 이상 DELAY	[당사 귀책사유인 경우] We are sorry for the delay.
	[당사 귀책사유가 아닌 경우] Today, / we are delayed due to ______.

For your safety, please remain seated / until the seatbelt sign is turned off. When you open the overhead bins, be careful as the contents may fall out. And also / please have all your belongings with you / when you deplane.

[ICN 도착편]
Passengers / who have completed check-in through to their international flight / please proceed to the departure gate / without picking up your checked baggage.
However / passengers who have not completed check-in for international flights / must pick up your baggage and proceed to the check-in counter / on the 3rd floor.

Thank you for flying ______Air, a member of the ______(항공동맹명), and we look forward to see you again soon.
감사합니다.

실전연습 영어

(1) FAREWELL : GENERAL

(방송실시시점 : 착륙 후 엔진소음 감소 직후)

Ladies and gentlemen,
[léidiz] [dʒéntlmən]

We have landed / at ______(Int'l) airport.
[lǽndid] [áirpɔ̀rt]

15분 이상 DELAY	[당사 귀책사유인 경우] We are sorry for the delay. [sάri, sɔ́:ri] [diléi]
	[당사 귀책사유가 아닌 경우] Today, we are delay ed due to ______. [tədéi] [diléi] [dju:]

For your safety, please remain seated / until the seatbelt sign is turned off.
[séifti] [riméin] [sí:tid] [əntíl] [sain] [tə:rnd][ɔ:f]

When you open the overhead bins, be careful as the contents may fall out.
[óupən] [óver·héad][bin] [kɛ́ərfəl] [kάntentt] [fɔ:l][aut]

And also please have all your belongings with you when you deplane.
[bilɔ́:ŋiŋ] [di:pléin]

[ICN 도착편]

Passengers who have completely check-in through to their international
[pǽsəndʒər] [kəmplí:tli] [ʧek] [θru:] [ðər:][intərnǽʃənəl]

flight please proceed to the departure gate without picking up your
[flait] [prəsí:d] [dipá:rʧər][geit] [píkiŋ]

checked baggage.
[bǽgidʒ]

However passengers who have not completely check-in for international
[hauévər] [kəmplí:tli]

flights must pick up your baggage and proceed to the check-in counter
[bǽgidʒ] [prəsí:d] [káuntər]

on the 3rd floor.
[flɔ:r]

Thank you for flying ______Air, a member of the _______(항공동맹명), and
[fláiiŋ] [mémbər]

we look forward to see you again soon.
[luk][fɔ́:rwərd] [əgéin][su:n]

감사합니다.

(2) FAREWELL : IRREGULAR - 한국어

(방송실시시점 : 착륙 후 엔진소음 감소 직후)

손님 여러분, 이 비행기는 방금 ______공항에 도착했습니다.

TURBULENC 심했을 때	오시는 동안 심한 기류변화로 / 비행기가 많이 흔들렸던 점 양해해 주시기 바랍니다.
DIVERT 후 최종 목적지 도착	예기치 못한 ______ 이유로 / ______공항에 임시 착륙했고 / 이곳 최종 목적지에 예정보다 늦게 도착했습니다. 고객의 안전을 위한 조치였으니 / 널리 양해해 주시기 바랍니다.

여러분의 안전을 위해 비행기가 완전히 멈춘 후, 좌석벨트 사인이 꺼질 때까지 / 잠시만 자리에서 기다려 주십시오.

아울러 / 휴대전화는 비행기에서 내리신 후 전원을 켜 주시기 바랍니다.

선반을 여실 때는 / 안에 있는 물건이 떨어지지 않도록 조심해 주시고, 잊으신 물건이 없는지 / 다시 한번 살펴 주시기 바랍니다.

______회원사인 ______항공을 탑승해 주신 고객 여러분, / 감사합니다.

저희 승무원들은 / 더욱 안전하고 쾌적하게 모시기 위해 정성을 다하겠습니다.

감사합니다. 안녕히 가십시오.

실전연습 한국어

(2) FAREWELL : IRREGULAR

(방송실시시점 : 착륙 후 엔진소음 감소 직후)

손님 여러분, 이 비행기는 방금 ______공항에 도착했습니다.
[손:님 여러븐] [공:항]

TURBULENC 심했을 때	오시는 동안 심한 기류변화로 / 비행기가 많이 흔들렸던 점 양해해 주시기 바랍니다.
DIVERT 후 최종 목적지 도착	예기치 못한 _____ 이유로 / _____공항에 임시 착륙했고 / 이곳 최종 목적지에 예정보다 늦게 도착했습니다. 고객의 안전을 위한 조치였으니 / 널리 양해해 주시기 바랍니다.

여러분의 안전을 위해 비행기가 완전히 멈춘 후, 좌석벨트 사인이 꺼질 때까지 /
[여러븐에] [안:전] [멈춘 후–] [좌:석벨트] [싸인이] [꺼–질]

잠시만 자리에서 기다려 주십시오.
[주십–쇼]

아울러 / 휴대전화는 비행기에서 내리신 후 전원을 켜 주시기 바랍니다.
[아울러–] [켜–주시기]

선반을 여실 때는 / 안에 있는 물건이 떨어지지 않도록 조심해 주시고, 잊으신 물
[선반을 여실 때에는] [떠러지지] [이즈신]

건이 없는지 / 다시 한번 살펴 주시기 바랍니다.
[엄–는지]

______회원사인 ______항공을 탑승해 주신 고객 여러분, / 감사합니다.
[회:원사인] [항:공] [탑씅] [여러븐] [감:사함니다]

저희 승무원들은 / 더욱 안전하고 쾌적하게 모시기 위해 정성을 다하겠습니다.
[안:전하고] [정:성을]

감사합니다. 안녕히 가십시오.
[감:사함니다] [안녕히 가십–쇼]

(2) FAREWELL : IRREGULAR 영어

(방송실시시점 : 착륙 후 엔진소음 감소 직후)

Ladies and gentlemen,
We have landed / at ______(Int'l) airport.

<table>
<tr><td rowspan="2">선택</td><td>[Turbulence가 심했을 경우]
We would like to apologize for any inconvenience / caused by sudden turbulence / experienced / during the flight.</td></tr>
<tr><td>[Divert 후 최종 목적지 도착]
Due to _____, we had to divert to _____ airport. We very much regret the delay in our arrival / and hope for your kind understanding.</td></tr>
</table>

For your safety, please remain seated / until the seatbelt sign is turned off.
When you open the overhead bins, / be careful as the contents / may fall out.
And also / please have all your belongings with you / when you deplane.
Thank you for flying ______Air, a member of the ______(항공동맹명), and we look forward to see you again soon.
감사합니다.

실전연습 영어

(2) FAREWELL : IRREGULAR 영어

(방송실시시점 : 착륙 후 엔진소음 감소 직후)

Ladies and gentlemen,
[léidiz] [dʒéntlmən]

We have landed at ______(Int'l) airport.
[lǽndid] [áirpɔ̀rt]

<table>
<tr><td rowspan="2">선택</td><td>[Turbulence가 심했을 경우]
We would like to apologize for any inconvenience / caused by
[əpɑ́lədʒàiz] [ìnkənvíːnjəns] [kɔːz]
sudden turbulence / experienced / during the flight.
[sʌdn] [tə́ːrbjuləns] [ikspíəriənst] [djúəriŋ] [flait]</td></tr>
<tr><td>[Divert 후 최종 목적지 도착]
Due to ______, we had to divert to ______ airport.
[djuː] [divə́ːrt]
We very much regret the delay in our arrival / and hope for your
[rigrét] [diléi] [əráivəl] [houp]
kind understanding.
[kaind][ʌndərstǽndiŋ]</td></tr>
</table>

For your safety, please remain seated / until the seatbelt sign is turned off.
[séifti] [riméin][síːtid] [əntíl] [sain] [təːrnd][ɔːf]

When you open the overhead bins, be careful as the contents may fall out.
[óupən] [óver·héad][bin] [kέərfəl] [kάntent] [fɔːl][aut]

And also please have all your belongings with you when you deplane.
[ɔ́ːlsou] [bilɔ́ːŋiŋ] [diːpléin]

Thank you for flying _____Air, a member of the _____(항공동맹명), and we
[θæŋk] [fláiiŋ] [mémbər]

look forward to see you again soon.
[luk][fɔ́ːrwərd] [əgéin]

감사합니다.

(3) FAREWELL : SPECIAL - 한국어

(방송실시시점 : 착륙 후 엔진소음 감소 직후)

가. 송년인사

손님 여러분, 이 비행기는 방금 목적지에 도착했습니다.
여러분의 안전을 위해 비행기가 완전히 멈춘 후 / 좌석벨트 사인이 꺼질 때까지 / 잠시만 자리에서 기다려 주십시오.
그리고 휴대전화는 비행기에서 내리신 후 전원을 켜 주시기 바랍니다.
선반을 여실 때는 / 안에 있는 물건이 떨어지지 않도록 조심해 주시고, 잊으신 물건이 없는지 / 다시 한번 살펴주십시오.
______회원사인 ______항공을 탑승해 주신 고객 여러분, 감사합니다.
저희 승무원들은 / 더욱 안전하고 쾌적하게 모시기 위해 정성을 다하겠습니다.
다시 기내에서 만나 뵙기를 기대합니다. 희망찬 새해 되십시오.
감사합니다. 안녕히 가십시오.

실전연습 한국어

(3) FAREWELL : SPECIAL - 한국어

(방송실시시점 : 착륙 후 엔진소음 감소 직후)

가. 송년인사

손님 여러분, 이 비행기는 방금 목적지에 도착했습니다.
[손:님 여러븐] [도:착]

여러분의 안전을 위해 비행기가 완전히 멈춘 후 / 좌석벨트 사인이 꺼질 때까지 /
[여러븐에] [안:전] [좌:석 벨트] [싸인]

잠시만 자리에서 기다려 주십시오.
[잠-시만]

그리고 휴대전화는 비행기에서 내리신 후 전원을 켜 주시기 바랍니다.
[휴:대 전:화] [내리신 후:] [켜-주시기]

선반을 여실 때는 / 안에 있는 물건이 떨어지지 않도록 조심해 주시고, 잊으신 물
[선:반] [때에는] [떠러지지] [이즈신]

건이 없는지 / 다시 한번 살펴주십시오.

______회원사인 ______항공을 탑승해 주신 고객 여러분, 감사합니다.
[회:원사] [항:공] [탑씅해] [고:객] [여러븐]

저희 승무원들은 / 더욱 안전하고 쾌적하게 모시기 위해 정성을 다하겠습니다.
[안:전하고] [정:성]

다시 기내에서 만나 뵙기를 기대합니다.

희망찬 새해 되십시오. 감사합니다. 안녕히 가십시오.

(3) FAREWELL : SPECIAL - 영어

(방송실시시점 : 착륙 후 엔진소음 감소 직후)

가. 송년인사

Ladies and gentlemen, We have landed / at ______(Int'l) airport.

For your safety, please remain seated / until the seatbelt sign is turned off.

When you open the overhead bins, / be careful as the contents may fall out.

And also / pleas have all your belongings with you / when you deplane.

And, we wish you all the best for the New Year.

Thank you for flying ______Air, / a member of ______, / and we hope to see you again soon.

감사합니다.

실전연습 영어

(3) FAREWELL : SPECIAL - 영어

(방송실시시점 : 착륙 후 엔진소음 감소 직후)

가. 송년인사

Ladies and gentlemen, We have landed at ______(Int'l) airport.
[léidiz] [dʒéntlmən] [lǽndid] [áirpòrt]

For your safety, please remain seated / until the seatbelt sign is turned off.
[séifti] [riméin] [əntíl] [sain] [təːrnd][ɔːf]

When you open the overhead bins, / be careful as the contents may fall out.
[óupən] [óver·héad][bin] [kέərfəl] [kάntent] [fɔːl][aut]

And also / please have all your belongings with you / when you deplane.
[bilɔ́ːŋiŋ] [diːpléin]

And, we wish you all the best for the New Year.
[wiʃ] [best]

Thank you for flying _____Air, / a member of _____, / and we hope to see
[θæŋk] [fláiiŋ] [mémbər] [houp]

you again soon.
[əgéin][suːn]

감사합니다.

(3) FAREWELL : SPECIAL - 한국어

(방송실시시점 : 착륙 후 엔진소음 감소 직후)

나. 설날

손님 여러분, 이 비행기는 방금 목적지에 도착했습니다.
여러분의 안전을 위해 비행기가 완전히 멈춘 후 / 좌석벨트 사인이 꺼질 때까지 잠시만 자리에서 기다려 주십시오.
그리고 휴대전화는 비행기에서 내리신 다음 전원을 켜 주시기 바랍니다.
선반을 여실 때는 / 안에 있는 물건이 떨어지지 않도록 조심해 주시고, 잊으신 물건이 없는지 / 다시 한번 확인해 주십시오.
______회원사인 ______항공을 탑승해 주신 고객 여러분, 감사합니다.
저희 승무원들은 / 더욱 안전하고 쾌적하게 모시기 위해 / 정성을 다하겠습니다.
다시 기내에서 만나 뵙기를 기대하오며, 즐거운 설 명절 보내시기 바랍니다.
감사합니다. 안녕히 가십시오.

실전연습 한국어

(3) FAREWELL : SPECIAL-한국어

(방송실시시점 : 착륙 후 엔진소음 감소 직후)

나. 설날

손님 여러분, 이 비행기는 방금 목적지에 도착했습니다.
[손:님 여러븐] [도:착]

여러분의 안전을 위해 비행기가 완전히 멈춘 후 / 좌석벨트 사인이 꺼질 때까지
[여러븐에] [안:전] [좌:석 벨트] [싸인]

잠시만 자리에서 기다려 주십시오.
[잠:시만] [주십-쇼]

그리고 휴대전화는 비행기에서 내리신 다음 전원을 켜 주시기 바랍니다.
[휴:대 전:화] [내리신] [켜-주시기]

선반을 여실 때는 / 안에 있는 물건이 떨어지지 않도록 조심해 주시고, 잊으신 물
[선:반] [때에는] [떠러지지] [조:심해] [이즈신]

건이 없는지 / 다시 한번 확인해 주십시오.
[화긴해] [주십-쇼]

______회원사인 ______항공을 탑승해 주신 고객 여러분, 감사합니다.
[회:원사] [항:공] [탑씅] [여러븐]

저희 승무원들은 / 더욱 안전하고 쾌적하게 모시기 위해 / 정성을 다하겠습니다.
[안:전] [정:성]

다시 기내에서 만나 뵙기를 기대하오며, 즐거운 설 명절 보내시기 바랍니다.
[설-명절]

감사합니다. 안녕히 가십시오.
[감:사함니다] [가십-쇼]

(3) FAREWELL : SPECIAL - 영어

(방송실시시점 : 착륙 후 엔진소음 감소 직후)

나. 설날

Ladies and gentlemen, We have landed / at ______(Int'l) airport.

For your safety, please remain seated / until the seatbelt sign is turned off.

When you open the overhead bins, be careful as the contents may fall out.

And also / please have all your belongings with you / when you deplane.

It is our great pleasure to have you on board / for the lunar calender New Year.

Thank you for flying _____Air, a member of _____, and hope to see you again soon.

감사합니다.

실전연습 영어

(3) FAREWELL : SPECIAL - 영어

(방송실시시점 : 착륙 후 엔진소음 감소 직후)

나. 설날

Ladies and gentlemen, We have landed at ______(Int'l) airport.
[léidiz] [dʒéntlmən] [lǽndid] [áirpòrt]

For your safety, please remain seated / until the seatbelt sign is turned off.
[séifti] [pli:z] [riméin] [sí:tid] [si:tbelt] [sain] [tə:rnd] [ɔ:f]

When you open the overhead bins, be careful as the contents may fall out.
[óupən] [óver·héad] [bin] [kéərfəl] [kántent] [fɔ:l] [aut]

And also please have all your belongings with you when you deplane.
[ɔ́:lsou] [pli:z] [ɔ:l] [bilɔ́:ŋiŋ] [di:pléin]

It is our great pleasure to have you on board / for the lunar calender
[greit] [pléʒər] [bɔ:rd] [lú:nər] [kǽləndər]

New Year.

Thank you for flying ______Air, a member of ______, and hope to see you
[θæŋk] [fláiiŋ] [mémbər] [houp] [si:]

again soon.
[əgéin] [su:n]

감사합니다.

PART Ⅲ

기내방송 실무(INTERNATIONAL FLIGHT)

1. 이륙 전 기내방송(한국어/영어/일본어/중국어)
2. 비행 중 기내방송Ⅰ(한국어/영어/일본어/중국어)
3. 비행 중 기내방송Ⅱ(한국어/영어/일본어/중국어)
4. 착륙 후 기내방송(한국어/영어/일본어/중국어)

제1장 이륙 전 기내방송 (한국어 / 영어 / 일본어 / 중국어)

(1) Flight Number & Baggage Securing (한국어)

(방송실시시점 : Boarding Sign 후 승객 탑승 진행시)

손님 여러분, 이 비행기는 ______국제공항까지 가는 ______회원사 ______항공 ____편(공동운항 ______항공 ______편)입니다.

탑승 편명을 확인해 주시고, 모든 전자기기는 전원을 꺼 주시기 바랍니다.

가지고 계신 짐은 좌석 밑이나 선반 속에 넣어 주시고, 깨지기 쉬운 물건이나 큰 짐은 여러분의 안전을 위해 좌석 밑에 보관해 주십시오.

감사합니다.

실전연습 한국어

(1) Flight Number & Baggage Securing (한국어)

(방송실시시점 : Boarding Sign 후 승객 탑승 진행시)

손님 여러분, 이 비행기는 ______국제공항까지 가는 ______회원사 ______항공
[손:님 여러븐] [국제 공:항] [회:원사] [항:공]

______편(공동운항 ______항공 ______편)입니다.

탑승 편명을 확인해 주시고, 모든 전자기기는 전원을 꺼 주시기 바랍니다.
[탑씅] [화긴해] [전:자 기기] [전:원] [꺼–주시기]

가지고 계신 짐은 좌석 밑이나 선반 속에 넣어 주시고, 깨지기 쉬운 물건이나 큰
[계:신 짐:은][좌:석][미치나] [선:반 쏘게]

짐은 여러분의 안전을 위해 / 좌석 밑에 보관해 주십시오.
[짐:은] [여러븐에] [안:전] [좌:석 미테] [보:관]

감사합니다.

(1) Flight Number & Baggage Securing (영어)

(방송실시시점 : Boarding Sign 후 승객 탑승 진행시)

Ladies and gentlemen,
Welcome to ______Air, flight ______(and ______Airlines flight______) bound for ____ international airport.
Please check your flight number.
And the use of electronic devices is not permitted.
Also please keep bags in the overhead bins or under the seat.
Thank you.

실전연습 영어

(1) Flight Number & Baggage Securing (영어)

(방송실시시점 : Boarding Sign 후 승객 탑승 진행시)

Ladies and gentlemen,
[léidiz] [dʒéntlmən]

Welcome to ______Air, flight ______ (and ______Airlines flight______) bound
[wélkəm] [flait] [baund]

for______ international airport.
[ìntərnǽʃənəl][áirpɔ̀rt]

Please check your flight number.
[pliːz] [ʧek] [flait][nʌmbər]

And the use of electronic devices is not permitted.
[ðiː][juːz] [ilektránik] [diváis] [pərmít]

Also please keep bags in the overhead bins or under the seat.
[ɔ́ːlsou][pliːz] [óver·héad] [bin] [ʌndər] [siːt]

Thank you.
[θæŋk]

(1) Flight Number & Baggage Securing (일본어)

(방송실시시점 : Boarding Sign 후 승객 탑승 진행시)

皆様、おはようございます(こんにちは、こんばんは)
この飛行機は(AIRLINE)___便, (AIRLINE)___便, /(___経由)___ゆきでございます。
皆様の 安全のため / お荷物は、上のたな、または、
お座席の 下におおきください。
また / 上のたなを おあけになるさいには、
荷物が すべり出ることが ございますので /
じゅうぶん ご注意くださいませ。

실전연습 일본어

(1) Flight Number & Baggage Securing (일본어)

(방송실시시점 : Boarding Sign 후 승객 탑승 진행시)

皆様、おはようございます(こんにちは、こんばんは)
미나사마 오하요-고자이마스 (콘니치와, 콤방와)

この飛行機は(AIRLINE)___便, (AIRLINE)___便, /(___経由)___ゆきでございます。
코노히코우키와(___에아라잉)___빙, (___에아라잉)___빙 / (____케이유)_____유키데고자이마스.

皆様の 安全のため / お荷物は、上のたな、または、
미나사마노 안젠노타메 / 오니모츠와, 우에노타나, 마타와,

お座席の 下におおきください。
오자세키노 시타니오오키쿠다사이.

また / 上のたなを おあけになるさいには、
마타 / 우에노타나오 오아케니나루사이니와,

荷物が すべり出ることが ございますので /
니모츠가 스베리데루코토가 고자이마스노데/

じゅうぶん ご注意くださいませ。
쥬-분 고츄-이쿠다사이마세.

(1) Flight Number & Baggage Securing (중국어)

(방송실시시점 : Boarding Sign 후 승객 탑승 진행시)

女士们，先生们。

本架飞机是前往______的______航空______次航班。

为了您的安全，请把随身行李放在头顶上方的行李架内或座椅下方。

打开行李架时，请注意安全，以免行李滑落。谢谢。

실전연습 중국어

(1) Flight Number & Baggage Securing (중국어)

(방송실시시점 : Boarding Sign 후 승객 탑승 진행시)

女士们，先生们，
(뉘쓰먼, 썐성먼,)
손님 여러분,

本架飞机是前往____________的_______航空______次航班。
(번쟈[f]페이지스 챈왕___________더 _________항쿵________츠항반)
이 비행기는______까지 가는______항공______편입니다.

请把随身行李放在头顶上方的行李架内或座椅下方。
(칭바세이선싱리 [f]팡짜이 터우띵 상[f]팡더 싱리쟈네이 훠 줘이샤[f]팡.)
가지고 계신 짐은 앞좌석 밑이나 선반 속에 보관해 주시고

打开行李架时，请注意安全，以免行李滑落。
(따카이싱리쟈스, 칭쭈이안챈, 이맨싱리화뤄, 셰셰.)
선반을 여실 때는 먼저 넣은 물건이 떨어지지 않도록 조심해 주십시오.

谢谢。
(쎄쎄)
감사합니다.

(2) Door Close - 한국어

(방송실시시점 : 기장이 출항에 관해 모든 절차 완료 후 지상직원 하기,
사무장은 기장에게 Door close 허가를 득한 후)

손님 여러분,
탑승권 확인에 협조해 주셔서 대단히 감사합니다.
곧 출발예정이오니 자리에 앉아 좌석벨트를 매 주시기 바랍니다.
감사합니다.

실전연습 한국어

(2) Door Close - 한국어

손님 여러분,
[손:님 여러븐]

탑승권 확인에 협조해 주셔서 대단히 감사합니다.
[탑:씅꿘 화기네] [협:쪼]

곧 출발예정이오니 자리에 앉아 좌석벨트를 매 주시기 바랍니다.
[출:발 예:정] [안:자] [좌:석벨트] [매:주시기] [바:랍니다]

감사합니다.
[감:사합니다]

(2) Door Close - 영어

(방송실시시점 : 기장이 출항에 관해 모든 절차 완료 후 지상직원 하기,
사무장은 기장에게 Door Close 허가를 득한 후)

Ladies and gentlemen,

Thank you for your cooperation. We will depart shortly.

Please stay seated and fasten your seatbelt.

Thank you

실전연습 영어

(2) Door Close - 영어

Ladies and gentlemen,
[léidiz] [dʒéntlmən]

Thank you for your cooperation. We will depart shortly.
[θæŋk] [kouɑ̀pəréiʃən] [dipɑ́:rt][ʃɔ́:rtli]

Please stay seated and fasten your seatbelt.
[stei][sí:tid] [fǽsn] [si:tbelt]

Thank you
[θæŋk]

(2) Door Close - 일본어

(방송실시시점 : 기장이 출항에 관해 모든 절차 완료 후 지상직원 하기,
사무장은 기장에게 Door close 허가를 득한 후)

お客様の 皆様
搭乗券の 確認に ご協力してくださって まことにありがとうございます。
まもなく 出発する 予定ですので お座席に座って シートベルトを おしめください。
ありがとうございます。

실전연습 일본어

(2) Door Close - 일본어

お客様の 皆様
오카쿠사마노 미나사마

搭乗券の 確認に ご協力してくださって まことにありがとうございます。
토우죠우켄노 카쿠닝니 고쿄우료쿠시테쿠다삿테 마코토니아리가토우고자이마스

まもなく 出発する 予定ですので お座席に座って シートベルトを おしめください。
마모나쿠 슛빠쯔스루 요테이데스노데 오자세키니스왓테 시-토베루토오 오시메쿠다사이

ありがとうございます。
아리가토-고자이마스

(2) Door Close - 중국어

(방송실시시점 : 기장이 출항에 관해 모든절차 완료 후 지상직원 하기,
사무장은 기장에게 Door Close 허가를 득한 후)

各位乘客，你们好。

非常感谢确认登机牌时给予的合作。

飞机马上就要起飞，请大家坐好，并系好安全带。

谢谢。

실전연습 중국어

(2) Door Close - 중국어

各位乘客，你们好。
(꺼웨이청커, 니먼하오)

손님 여러분,

非常感谢确认登机牌时给予的合作。
(페이창 간시에 추에런 덩지파이스 게이위더 허주어)

탑승권 확인에 협조해 주셔서 대단히 감사합니다.

飞机马上就要起飞，请大家坐好，并系好安全带。
(페이지 마샹 지우야오 치페이, 칭 따지아쭈어하오, 삥찌하오 안추엔따이)

곧 출발예정이오니 자리에 앉아 좌석벨트를 매 주시기 바랍니다.

谢谢。
(쌔쎄)

감사합니다.

(3) WELCOME : GENERAL - 한국어

(방송실시시점 : 항공기 Door Close와 Slide Mode 변경 직후)

______항공을 찾아주신 승객 여러분, 안녕하십니까?
저희 비행기는 (______를 거쳐) ______까지 가는 / ______회원사인 ______항공 ______편입니다.

<table>
<tr><td colspan="2">[공동운항 안내]
이 비행기는 (______를 거쳐) ______까지 가는 / ______회원사인 ______항공 ______편, ______항공 ______편이며,
______항공과 ______항공이 / 공동운항하고 있습니다.</td></tr>
<tr><td rowspan="2">DELAY
(10분 초과)</td><td>[당사 귀책사유인 경우]
출발이 예정시간보다 늦어 / 대단히 죄송합니다.</td></tr>
<tr><td>[당사 귀책사유가 아닌 경우]
______관계로 / 출발이 예정시간보다 늦어진 점을 / 양해해 주시기 바랍니다.</td></tr>
<tr><td colspan="2">[현지 또는 교환 승무원 탑승시]
목적지(중간 경유지)인 ______공항까지의 비행시간은 이륙 후 ______시간 ___분으로 예정하고 있습니다.
오늘 (FULL NAME)기장과 (FULL NAME)사무장, 그리고 (도시명 / 국가명 / 항공사명) 현지(교환)승무원을 비롯한 저희 승무원들은 여러분을 (<u>목적지</u>)까지 편안히 모시겠습니다.</td></tr>
</table>

목적지(중간 경유지)인 _____공항까지의 비행시간은 이륙 후 ____시간 ____분으로 예정하고 있습니다.
오늘 (FULL NAME)기장과 (FULL NAME)사무장을 비롯한 저희 승무원들은 여러분을 ______까지 편안히 모시겠습니다.
정성을 다하는 ______항공과 함께 행복한 여행을 하시기 바랍니다.

실전연습 한국어

(3) WELCOME : GENERAL - 한국어

(방송실시시점 : 항공기 Door Close와 Slide Mode 변경 직후)

______항공을 찾아주신 승객 여러분, 안녕하십니까?
[항:공] [차자주신] [여러븐]

저희 비행기는 (______를 거쳐) _____까지 가는 / ______회원사인 _______항공
[회:원사] [항:공]

______편입니다.

[공동운항 안내]
이 비행기는 (______를 거쳐) ______까지 가는 / ______회원사인 ______항공 _____편, ______항공 _____편이며, ______항공과 ______항공이 / 공동운항하고 있습니다.

<table>
<tr><td rowspan="2">DELAY
(10분 초과)</td><td>[당사 귀책사유인 경우]
출발이 예정시간보다 늦어 / 대단히 죄송합니다.</td></tr>
<tr><td>[당사 귀책사유가 아닌 경우]
_____관계로 / 출발이 예정시간보다 늦어진 점을 / 양해해 주시기 바랍니다.</td></tr>
<tr><td colspan="2">[현지 또는 교환 승무원 탑승시]
목적지(중간 경유지)인 ______공항까지의 비행시간은 이륙 후 ______시간 ___분으로 예정하고 있습니다.
오늘 (FULL NAME)기장과 (FULL NAME)사무장, 그리고 (도시명/국가명/항공사명) 현지(교환)승무원을 비롯한 저희 승무원들은 여러분을 (목적지)까지 편안히 모시겠습니다.</td></tr>
</table>

목적지(중간 경유지)인 _____공항까지의 비행시간은 이륙 후 _____시간 ____분으로
[이:륙 후-]

예정하고 있습니다.
[예:정]

오늘(FULL NAME)기장과 (FULL NAME)사무장을 비롯한 저희 승무원들은 여러분을

______까지 편안히 모시겠습니다.

정성을 다하는 ______항공과 함께 행복한 여행을 하시기 바랍니다.
[정:성] [항:공] [여:행]

(3) WELCOME : GENERAL - 영어

(방송실시시점 : 항공기 Door Close와 Slide Mode 변경 직후)

Good morning (afternoon, evening), ladies and gentlemen.
On behalf of Captain (LAST NAME) and the entire crew, welcome aboard _____Airlines, a member of 항공동맹 명칭, flight 편명 bound for 목적지. (via 경유지 도시명).

> [공동운항인 경우 방송 대체]
> Good morning (afternoon, evening), ladies and gentlemen. On behalf of Captain (FAMILY NAME) and the entire crew, welcome aboard _____Airlines, a member of 항공동맹 명칭, flight 편명, (공동운항항 공사명) flight 편명 / bound for 목적지. (via 경유지 도시명). This flight is a joint service / operated by ______Airlines and ______Airlines.

Our flight time to 목적지 / will be _____ hour(s) _____minutes / after take-off.
R/S (Regional stewardess 현지승무원) 탑승
On this flight, we have (a) (NAME OF CITY / COUNTRY) based cabin crew on board.
If there is anything we can do / to make your flight more comfortable, our cabin crew is happy to serve you.
Please enjoy the flight. Thank you.

실전연습 영어

(3) WELCOME : GENERAL - 영어

(방송실시시점 : 항공기 Door Close와 Slide Mode 변경 직후)

Good morning (afternoon, evening), ladies and gentlemen.
[gud][mɔ́:riŋ] [àfter·nóon] [í:vniŋ] [léidiz] [dʒéntlmən]

On behalf of Captain (LAST NAME) and the entire crew, welcome aboard
[bihǽf] [kǽptən] [intáiər][kru:] [wélkəm][əbɔ́:rd]

______ Airlines, a member of 항공동맹 명칭, flight 편명 bound for 목적지.
[mémbər] [baund]

(via 경유지 도시명).
[váiə]

[공동운항인 경우 방송 대체]

Good morning (afternoon, evening), ladies and gentlemen.
[gud][mɔ́:rniŋ] [àfter·nóon] [í:vniŋ] [léidiz] [dʒéntlmən]

On behalf of Captain (FAMILY NAME) and the entire crew, welcome aboard
[bihǽf] [kǽptən] [intáiər][kru:] [wélkəm][əbɔ́:rd]

______ Airlines, a member of 항공동맹 명칭, flight 편명, (공동운항 항공사명)
[mémbər] [flait]

flight 편명 / bound for 목적지.
[flait] [baund][fɔ́:r]

(via 경유지 도시명). This flight is a joint service / operated by _____Airlines
[váiə] [flait] [dʒɔint][sə́:rvis] [ɑ́pərèit]

and ______Airlines.

Our flight time to 목적지 / will be __ hour(s) ____minutes / after take-off.
[flait] [auər] [æftər][teik][ɔːf]

R/S (Regional stewardess 현지승무원) 탑승 안내

On this flight, we have (a) (NAME OF CITY / COUNTRY) based cabin crew
[flait] [beist][kæbin][kruː]

on board.
[bɔːrd]

If there is anything we can do / to make your flight more comfortable, our
[ðέər] [éniθiŋ] [mɔːr][kʌmfərtəbl]

cabin attendant is happy to serve you.
[kæbin][əténdənt] [hæpi] [səːrv]

Please enjoy the flight.
[pliːz] [indʒɔ́i] [flait]

Thank you.
[θæŋk]

(3) WELCOME : GENERAL - 일본어

(방송실시시점 : 항공기 Door Close와 Slide Mode 변경 직후)

皆様、おはようございます(こんにちは、こんばんは)

きょうも / ________の ________ AIRを

ごりようくださいまして / まことに ありがとうございます。

この飛行機は / ______便 / (______経由)______ゆきでございます。

[공동운항]

この飛行機は / _______ AIR_____便、(AIRLINE)_____便、

(_____経由)_____ゆきでございます。

この便は / _____AIRと(AIRLINE)が / 共同で

運航しております。

[10분 이상 DELAY]

[항공사 귀책사유인 경우]

出発が 予定より おくれまして / もうしわけございません。

[항공사 귀책사유가 아닌 경우]

本日は_____のため / 出発が おくれました。

_____までの 飛行時間は / 離陸後 / _____時間 _____分を

予定しております。

[LAX / NRT ONLY]

また この飛行機は NRT(なりた) 到着後 ひきつづき

SEL(そうる)まで 運航いたします。

本日は、機長(FAMILY NAME), PUSER(FAMILY NAME)を

はじめ、わたくしども 乗務員が 皆様を_____まで ご案内い たします。

ご用の際は / ごえんりょなく お知らせくださいませ。

それでは / これからのそらのたび / どうぞ ごゆっくり おく

つろぎ くださいませ。

실전연습 일본어

(3) WELCOME : GENERAL - 일본어

(방송실시시점 : 항공기 Door Close와 Slide Mode 변경 직후)

皆様、おはようございます(こんにちは、こんばんは)
미나사마 오하요-고자이마스(콘니치와, 콤방와)

きょうも / ________の ________ AIRを
쿄우모 / ________노 ________ 에아오

ごりようくださいまして / まことに ありがとうございます。
고리요우쿠다사이마시테 / 마코토니 아리가또-고자이마스.

この飛行機は / ______便 / (______経由)______ゆきでございます。
코노히코우키와 / ________빙 / (________케이유)________유키데고자이마스.

[공동운항]

この飛行機は / _______ AIR________便、(AIRLINE)______便、
코노히코우키와 / ________ 에아 ________빙, (에아라인) ________빙,

(______経由)______ゆきでございます。
(______케이유)______유키데고자이마스.

この便は / ______AIRと(AIRLINE)が / 共同で
코노빙와 / ________에아토(에아라인)가 / 쿄우도우데

運航しております。
웅코우시테오리마스.

[10분 이상 DELAY]

[항공사 귀책사유인 경우]

出発が 予定より おくれまして / もうしわけございません。
슛빠츠가 요테이요리 오쿠레마시테 / 모우시와케고자이마셍.

[항공사 귀책사유가 아닌 경우]

本日は______のため / 出発が おくれました。
혼지츠와______노타메 / 슛빠츠가 오쿠레마시타.

______までの 飛行時間は / 離陸後 / ______時間 ______分を
______마데노 히코우키지칸와/리리쿠고 / ________지칸 ______훙(뿡)오

予定しております。
요테이시테오리마스.

[LAX/NRT ONLY]

また この飛行機は NRT(なりた) 到着後 ひきつづき
마타 코노히코우키와 나리타 토우챠쿠고 히키츠즈키

SEL(そうる)まで 運航いたします。
소우루마데 웅코우이타시마스.

本日は、機長(FAMILY NAME), PUSER(FAMILY NAME)を
혼지츠와, 키쵸우(화미리 네-무), 파-사-(화미리 네-무)오

はじめ、わたくしども 乗務員が 皆様を______まで ご案内い
하지메, 와타쿠시도모 죠우무잉가 미나사마오______마데 고안나이이

たします。
타시마스.

ご用の際は / ごえんりょなく お知らせくださいませ。
고요우노사이와 / 고엔료나쿠 오시라세쿠다사이마세.

それでは / これからのそらのたび / どうぞ ごゆっくり おく
소레데와 / 코레카라노소라노타비 / 도우죠 고육쿠리 오쿠

つろぎ くださいませ。
츠로기 쿠다사이마세.

(3) WELCOME : GENERAL - 중국어

(방송실시시점 : 항공기 Door Close와 Slide Mode 변경 직후)

女士们，先生们，欢迎您乘坐______航空。

本架飞机是前往______的______航空______次航班。

本架飞机是前往_____的_____公司_____航空_____次航班，_____航空_____航班。

本次航空是______航空和______航空共同运行。

飞机预定起飞的时间晚点，对此我们感到非常抱歉。

因______的关系飞机起飞的预定时间会晚点，希望请您再次谅解。

由______至______的预定空中飞行时间是______小时______分。

本次航班的______机长，______乘务长将协同机上的我们乘务员携程为您提供及时周到的服务。

由______至______的预定空中飞行时间是______小时______分。

本次航班的______机长，______乘务长和现地乘务员将协同机上的我们乘务员携程为您提供及时周到的服务。

希望我们______航空为您带来舒适愉快的旅行。

실전연습 중국어

(3) WELCOME : GENERAL - 중국어

(방송실시시점 : 항공기 Door Close와 Slide Mode 변경 직후)

女士们, 先生们, 欢迎您乘坐______航空。
(뉘쓰먼, 쌘성먼, 환잉닌청쭤__________항쿵)
저희 대한항공을 찾아주신 고객 여러분, 안녕하십니까.

本架飞机是前往______的______公司______航空______次航班。
(번쟈[f]페이지스 챈왕______더______꿍스_______항쿵________츠항반)
이 비행기는______까지 가는______회원사인______항공______편입니다.

本架飞机是前往_____的_____公司_____航空_____次航班, _____航空_____航班。
(번쟈[f]페이지스챈왕______더______꿍스______항쿵_______츠항반, _______항쿵______츠항반)
이 비행기는 ____까지 가는 ____회원사인 ____항공____편, ____항공_____편이며,

本次航空是______航空和______航空共同运行。
(번츠항쿵스 ________항쿵허_______항쿵꿍퉁윈싱)
______항공과______항공이 공동운항하고 있습니다.

飞机预定起飞的时间晚点, 对此我们感到非常抱歉。
([f]페이지위딩치[f]페이더 스쟨완땐, 뙤이츠워먼깐도 [f]페이창뽀챈)
출발이 예정보다 늦어 대단히 죄송합니다.

因______的关系飞机起飞的预定时间会晚点, 希望请您再次谅解。
(인_______더관씨[f]페이지 치[f]페이더 위띵스쟨회이완댄, 씨왕칭닌짜이츠량제)
______의 관계로 출발이 예정시간보다 늦어진 점을 양해해 주시기 바랍니다.

由______至______的预定空中飞行时间是______小时______分。
(유______쯔________더위띵쿵중 [f]페이씽스잰스________쇼스______[f]펀)
목적지인______까지의 비행시간은______시간______분으로 예정하고 있습니다.

本次航班的______机长和______乘务长将协同机上的我们乘务员携程为您提供及时周
(뻔츠항반더________지장 허________청우장 장 셰퉁지상더 워먼 청우왠 셰청웨이닌
到的服务。
티꿍 지스저우또우더[f]푸우)
오늘______기장과______사무장을 비롯한 저희 승무원들은 여러분을 정성껏 모시

겠습니다.

由______至______的预定空中飞行时间是______小时______分。
(유______쯔________더위띵쿵중 [f]페이씽스잰스________쇼스________[f]펀)
목적지인______까지의 비행시간은______시간______분으로 예정하고 있습니다.

本次航班的______机长，______乘务长和现地乘务员将协同机上的我们乘务员携程为
(뻔츠항반더________지장, ________청우장 허 샌띠 청우왠 장 셰퉁지상더 워먼
您提供及时周到的服务。
청우왠 셰청웨이닌 티꿍 지스저우또우더[f]푸우)
오늘_______기장, _______사무장, 그리고 현지승무원을 비롯한 저희 승무원들은

여러분을 정성껏 모시겠습니다.

希望我们______航空为您带来舒适愉快的旅行。
(씨왕워먼________항쿵웨이닌 따이라이 수스위콰이더 뤼싱.)
저희______항공과 함께 편안하고 즐거운 여행을 하시기 바랍니다.

week 7주

(4) SAFETY DEMONSTRATION (VIDEO 상영의 경우) - 한국어

(방송실시시점 : Welcome 방송 직후)

손님 여러분,

이어서 기내 안전에 관한 안내 영상을 상영해 드리겠습니다.

잠시 주목해 주시기 바랍니다.

감사합니다.

실전연습 한국어

(4) SAFETY DEMONSTRATION (VIDEO 상영의 경우) - 한국어

(방송실시시점 : Welcome 방송 직후)

손님 여러분,
[손:님 여러븐]

이어서 기내 안전에 관한 안내 영상을 상영해 드리겠습니다.
[안:전]

잠시 주목해 주시기 바랍니다.
[잠:시][주:목]

감사합니다.
[감:사함니다]

(4) SAFETY DEMONSTRATION (VIDEO 상영의 경우) - 영어

(방송실시시점 : Welcome 방송 직후)

Ladies and gentlemen,

We will now show you the safety features of this aircraft.

Please give your full attention for a few minutes.

Thank you for your cooperation.

감사합니다.

실전연습 영어

(4) SAFETY DEMONSTRATION (VIDEO 상영의 경우) - 영어

(방송실시시점 : Welcome 방송 직후)

Ladies and gentlemen,
[léidiz] [dʒéntlmən]

We will now show you the safety features of this aircraft.
[ʃou] [séifti] [fíːtʃər] [áircràft]

Please give your full attention for a few minutes.
[pliːz] [ful][əténʃən] [fjuː] [mínit]

Thank you for your cooperation.
[θæŋk] [kouàpəréiʃən]

감사합니다.

(4) SAFETY DEMONSTRATION (VIDEO 상영의 경우) - 일본어

(방송실시시점 : Welcome 방송 직후)

皆様、ただいまより 安全に 関するVIDEOを 上映いたします。

前のSCREENを ごらんくださいませ。

실전연습 일본어

(4) SAFETY DEMONSTRATION (VIDEO 상영의 경우) - 일본어

(방송실시시점 : Welcome 방송 직후)

皆様、ただいまより 安全に 関するVIDEOを 上映いたします。
미나사마, 타다이마요리 안젠니 칸수루비데오오 죠우에이이타시마스.

前のSCREENを ごらんくださいませ。
마에노스크린오 고랑쿠다사이마세.

(4) SAFETY DEMONSTRATION (VIDEO 상영의 경우) - 중국어

(방송실시시점 : Welcome 방송 직후)

女士们, 先生们,

我们即将播放本架飞机的安全须知录像,

请您注意观看。

실전연습 중국어

(4) SAFETY DEMONSTRATION (VIDEO 상영의 경우) - 중국어

(방송실시시점 : Welcome 방송 직후)

女士们, 先生们,
(뉘쓰먼, 쌘성먼,)

승객 여러분,

我们即将播放本架飞机的安全须知录像。
(워먼 지쟝붜[f]팡 번쟈[f]페이지더 안채앤쉬즈루샹.)

지금부터 기내 안전에 관한 안내 VIDEO를 상영해 드리겠습니다.

请您注意观看。
(칭닌 주이 관칸.)

잠시 주목해 주시기 바랍니다.

(5) TAKE-OFF - 한국어

(방송실시시점 : 이륙 신호음과 동시, 항공기가 Taxing 후 Run Way로 Turn할 때 – 전승무원 착석상태)

손님 여러분,

저희 항공기 곧 이륙하겠습니다.

좌석벨트를 매셨는지 다시 한번 확인해 주시기 바랍니다.

감사합니다.

실전연습 한국어

(5) TAKE-OFF - 한국어

(방송실시시점 : 이륙 신호음과 동시, 항공기가 Taxing 후 Run Way로 Turn할 때 – 전승무원 착석상태)

손님 여러분,
[손:님 여러븐]

저희 항공기 곧 이륙하겠습니다.
[이:륙]

좌석벨트를 매셨는지 다시 한번 확인해 주시기 바랍니다.
[좌:석] [화긴해] [바:람니다]

감사합니다.
[감:사함니다]

(5) TAKE-OFF - 영어

(방송실시시점 : 이륙 신호음과 동시, 항공기가 Taxing 후 Run Way로 Turn할 때 – 전승무원 착석상태)

Ladies and gentlemen,

We will take off soon. Please fasten your seatbelt.

Thank you.

실전연습 영어

(5) TAKE-OFF - 영어

(방송실시시점 : 이륙 신호음과 동시, 항공기가 Taxing 후 Run Way로 Turn할 때 – 전승무원 착석상태)

Ladies and gentlemen,
[léidiz] [dʒéntlmən]

We will take off soon. Please fasten your seatbelt.
[teik][ɔːf][suːn] [fǽsn] [siːtbelt]

Thank you.
[θæŋk]

(5) TAKE-OFF - 일본어

(방송실시시점 : 이륙 신호음과 동시, 항공기가 Taxing 후 Run Way로 Turn할 때 – 전승무원 착석상태)

お客様の 皆様

この飛行機は まもなく 離陸いたします。

シートベルトを もう一度 お確かめ下さい。

ありがとうございます。

실전연습 일본어

(5) TAKE-OFF - 일본어

(방송실시시점 : 이륙 신호음과 동시, 항공기가 Taxing 후 Run Way로 Turn할 때 – 전승무원 착석상태)

お客様の 皆様
오캬쿠사마노 미나사마

この飛行機は まもなく 離陸いたします。
코노히코우키와 마모나쿠 리리쿠이타시마스

シートベルトを もう一度 お確かめ下さい。
시–토베루토오 모우이치도 오타시카메쿠다사이

ありがとうございます。
아리가토–고자이마스

(5) TAKE-OFF - 중국어

(방송실시시점 : 이륙 신호음과 동시, 항공기가 Taxing 후 Run Way로 Turn할 때 – 전승무원 착석상태)

女士们, 先生们,

我们的飞机将要起飞了,

请您再次确认一下是否系好安全带。

谢谢。

실전연습 중국어

(5) TAKE-OFF - 중국어

(방송실시시점 : 이륙 신호음과 동시, 항공기가 Taxing 후 Run Way로 Turn할 때 – 전승무원 착석상태)

女士们, 先生们,
(뉘스먼, 쌘성먼,)
손님 여러분,

我们的飞机将要起飞了,
(워먼더 [f]페이지 쟝요 치[f]페이러,)
곧 이륙하겠습니다.

请您再次确认一下是否系好安全带。
(칭닌 짜이츠 취런이샤 스[f]퍼우 지호안 따이.)
좌석벨트를 매셨는지 다시 한번 확인해 주시기 바랍니다.

谢谢。
(셰셰)
감사합니다.

제2장 비행 중 기내방송 I (한국어 / 영어 / 일본어 / 중국어)

(1) SEATBELT SIGN OFF - 한국어

(방송실시시점 : 이륙 후 fasten seatbelt sign off 직후)

손님 여러분,
방금 좌석벨트 사인이 꺼졌습니다.
그러나 기류변화로 비행기가 갑자기 흔들릴 수 있으니, 자리에 앉아 계실 때는 / 항상 좌석벨트를 매 주시기 바랍니다.
또한, 선반 속의 물건을 꺼내실 때는 / 안에 있는 짐들이 떨어지지 않도록 조심해 주십시오.
그리고, 지금부터 CD 플레이어나 노트북 등을 사용하실 수 있습니다.
사용하실 수 있는 전자제품에 대한 자세한 내용은 앞좌석 주머니 속에 있는 기내지를 참고해 주십시오.
감사합니다.

실전연습 한국어

(1) SEATBELT SIGN OFF - 한국어

(방송실시시점 : 이륙 후 fasten seatbelt sign off 직후)

손님 여러분,
[손:님 여러븐]

방금 좌석벨트 사인이 꺼졌습니다.
[좌:석] [싸인] [꺼:졌습니다]

그러나 기류변화로 비행기가 갑자기 흔들릴 수 있으니, 자리에 앉아 계실 때는 /
[기:류 변:화] [안자] [계:실 때에는]

항상 좌석벨트를 매 주시기 바랍니다.
[좌:석] [매-주시기]

또한, 선반 속의 물건을 꺼내실 때는 / 안에 있는 짐들이 떨어지지 않도록 조심해
[선:반 쏘게] [꺼-내실 때에는] [짐드리 떠러지지] [조:심]

주십시오.
[주십-쇼]

그리고, 지금부터 CD 플레이어나 노트북 등을 사용하실 수 있습니다.
[지금부터-] [노-트북]

사용하실 수 있는 전자제품에 대한 자세한 내용은 앞좌석 주머니 속에 있는 기
[사:용] [전:자] [좌:석] [쏘게]

내지를 참고해 주십시오.

감사합니다.

week 8주

(1) SEATBELT SIGN OFF - 영어

(방송실시시점 : 이륙 후 fasten seatbelt sign off 직후)

Ladies and gentlemen,

The seatbelt sign / is now off.

For your safety, please keep your seatbelt fastened while seated.

When opening the overhead compartments, be careful as the contents may fall out.

You may now use CD players and laptop computers.

For Further information on the types of electronic devices allowed on board / please refer to the ______ Airlines magazine in your seat pocket.

Thank you

실전연습 영어

(1) SEATBELT SIGN OFF - 영어

(방송실시시점 : 이륙 후 fasten seatbelt sign off 직후)

Ladies and gentlemen,
[léidiz] [dʒéntlmən]

The seatbelt sign / is now off.
[sain] [ɔːf]

For your safety, please keep your seatbelt fastened while seated.
[séifti] [fǽsn] [hwail] [síːtid]

When opening the overhead compartments, be careful as the contents may
[óupəniŋ] [óver·héad][kəmpɑ́ːrtmənt] [kέərfəl] [kɑ́ntent]

fall out.
[fɔːl][aut]

You may now use CD players and laptop computers.
[mei] [juːz] [pléiər] [lǽptɔ̀p][kəmpjúːtər]

For further information / on the types of electronic devices / allowed on
[fə́ːrðər][ìnfərméiʃən] [taip] [ilektrɑ́nik][diváis] [əláud]

board / please refer to the ______ Airlines magazine in your seat pocket.
[bɔːrd] [rifə́ːr] [mægəzíːn] [siːt] [pɑ́kit]

Thank you.
[θæŋk]

(1) SEATBELT SIGN OFF - 일본어

(방송실시시점 : 이륙 후 fasten seatbelt sign off 직후)

皆様 / ただいま / ベルト 着用のサインが 消えましたが、

急な 気流の 変化にそなえ / お座席におつきの際は、

シートベルトを おしめくださいませ。

また / 上のたなを おあけになるさいには、荷物が すべり出ることが

ございますので / じゅうぶん ご注意ください。

なお、ただいまより、CD PLAYER, コンピューターなどは

お使いになれます。

また、______AIRの __________ 会員の 皆様には、

FREE TICKETなど いろいろな 特典が ございます。

くわしいことは、おてもとの機内誌、

_____ MAGAZINEを ごらんください。

실전연습 일본어

(1) SEATBELT SIGN OFF - 일본어

(방송실시시점 : 이륙 후 fasten seatbelt sign off 직후)

皆様 / ただいま / ベルト 着用のサインが 消えましたが、
미나사마/타다이마/베루토 챠쿠요우노사인가 키에마시타가.

急な 気流の 変化にそなえ / お座席におつきの際は、
큐우나 키류우노 헨카니소나에/오자세키니오츠키노사이와.

シートベルトを おしめくださいませ。
시-토베루토오 오시메쿠다사이마세.

また / 上のたなを おあけになるさいには、荷物が すべり出ることが
마타 / 우에노타나오 오아케니나루사이니와. 니모츠가 스베리데루코토가

ございますので / じゅうぶん ご注意ください。
고자이마스노데 / 쥬우분 고츄우이쿠다사이.

なお、ただいまより、CD PLAYER, コンピューターなどは
나오. 타다이마요리. 씨디 프레이야. 콤퓨-타-나도와

お使いになれます。
오츠카이니나레마스.

また、______AIRの ___________ 会員の 皆様には、
마타. ________ 에아노 _____________ 카이잉노 미나사마니와.

FREE TICKETなど いろいろな 特典が ございます。
후리-치켓토나도 이로이로나 토쿠텡가 고자이마스.

くわしいことは、おてもとの機内誌、
쿠와시이코토와. 오테모토노키나이시.

____ MAGAZINEを ごらんください。
____ 매가진-오 고랑쿠다사이.

week 8주

(1) SEATBELT SIGN OFF - 중국어

(방송실시시점 : 이륙 후 fasten seatbelt sign off 직후)

女士们，先生们，为了舒适愉快的旅行，下面将为您介绍客舱内的服务。

我们将为您提供餐食，同时还对物品进行拍卖。[我们将为您提供甜品，

到达______前______分钟，我们将提供餐食和饮料。

AVOD 방식：需要的时间，需要的影像服务 您可以随心观看。请参阅指南书。

채널방식：影像为______时间______分 反复上映。请参阅指南书。

飞行中为了您的安全清洗好安全带卫生间包含机舱内全程禁烟。

您在打开行李架时请注意以免行李滑落碰伤周围的乘客。

我们乘务员将共同努力为您带来安全舒适的旅行。

如果您有需要请随时对我们乘务员讲。谢谢。

실전연습 중국어

(1) SEATBELT SIGN OFF - 중국어

(방송실시시점 : 이륙 후 fasten seatbelt sign off 직후)

女士们, 先生们,
(뉘쓰먼, 쌘성먼,)

손님 여러분 안녕하십니까?

为了舒适愉快的旅行，下面将为您介绍客舱内的服务。
(웨이러 수스 위콰이더 뤼싱, 샤맨쟝 웨이닌 졔소 커창네이더 [f]푸우)

즐겁고 편안한 여행을 위해 비행 중 제공되는 서비스를 안내해 드리겠습니다.

我们将为您提供餐食，同时还对物品进行拍卖。
(워먼 쟝 웨이닌 티꿍 찬스, 퉁스 하이 뒈이 우핀 찐싱 파이마이)

곧 음료(와 식사)를 제공하고 이어서 면세품을 판매하겠습니다.

[我们将为您提供甜品，到达______前______分钟，我们将提供餐食(和饮料)。]
(워먼 쟝 웨이닌 티꿍 탠핀, 또다______챈______[f]펀중, 워먼 쟝 티꿍 찬스 허 인료)

[필요시 : 휴식 중에는 간단을 스낵을 드리고_____도착_____시간_____분 전 음료 (와 식사)를 준비해 드리겠습니다.]

AVOD 방식 : 需要的时间，需要的影像服务 您可以随心观看。请参阅指南书。
(쉬요더 스잰, 쉬요더 잉샹[f]푸우 닌커이 쉐이신 관칸.칭 찬웨 즈난수.)

AVOD 방식 : 원하는 시간에 원하는 프로그램을 마음대로 선택해 감상하실 수 있으니 안내책자를 참고하시기 바랍니다.

week 8주

채널방식 : 影像为______时间______分 反复上映。请参阅指南书。
(잉샹웨이______스잰______[f]펀 [f]판[f]푸상잉. 칭 찬웨 즈난수.)

채널방식 : 영화는______시간______분마다 반복 상영되니 안내책자를 참고하시기 바랍니다.

飞行中为了您的安全请系好安全带，包含卫生间的机舱内全程禁烟。
([f]페싱중 웨러 닌더 안챈 칭 찌호 안챈따이, 뽀한 웨성잰더 지창네 췐청찐얜)

비행 중에는 안전을 위해 항상 좌석벨트를 매 주시고 화장실을 포함한 기내에서는 금연해 주시기 바랍니다.

打开行李架时请注意以免行李滑落碰伤周围的乘客。
(따카이 싱리쟈스 칭쭈이 이맨 싱리화뤄 펑상 쩌우웨이더 청커.)

또한 머리 위 선반을 여실 때는 물건이 떨어져 주위 손님이 다칠 위험이 있으니 유의해 주시기 바랍니다.

我们乘务员将共同努力为您带来安全舒适的旅行。
(워먼청우웬 쟝 꿍퉁 누리 웨이닌 따이라이 안췐 수스더 뤼싱.)

저와 승무원들은 여러분을 ______까지 최선을 다해 정성껏 모시겠습니다.

如果您有需要请随时对我们乘务员讲。
(루궈 닌유 쉬요 칭닌 쉐이스 뛔이 워먼 청우왠 쟝.)

도움이 필요하시면 언제든지 승무원에게 말씀해 주십시오.

谢谢。
(셰셰.)

감사합니다.

(2) TURBULENCE : LIGHT - 한국어

(방송실시시점 : 비행 중 기장의 TURBULENCE 신호 직후,
fasten seatbelt sign on과 chime 1회 직후)

안내말씀 드리겠습니다.

a. 기류변화로 비행기가 흔들릴 것으로 예상됩니다. (아직 흔들림이 없을 경우)
b. 기류변화로 비행기가 흔들리고 있습니다.

여러분의 안전을 위해 / 자리에 앉아 좌석벨트를 매 주시기 바랍니다.

감사합니다.

실전연습 한국어

(2) TURBULENCE : LIGHT - 한국어

(방송실시시점 : 비행 중 기장의 TURBULENCE 신호 직후,
fasten seatbelt sign on과 chime 1회 직후)

안내말씀 드리겠습니다.
[안:내 말씀]

a. 기류변화로 비행기가 흔들릴 것으로 예상됩니다. (아직 흔들림이 없을 경우) [기:류 변:화] [예:상]
b. 기류변화로 비행기가 흔들리고 있습니다. [기:류 변:화]

여러분의 안전을 위해 / 자리에 앉아 좌석벨트를 매 주시기 바랍니다.
[여러븐에] [안:전] [안:자] [좌:석] [매:주시기]

감사합니다.
[감:사함니다]

week 8주

(2) TURBULENCE : LIGHT - 영어

(방송실시시점 : 비행 중 기장의 TURBULENCE 신호 직후,
fasten seatbelt sign on과 chime 1회 직후)

Ladies and gentlemen,

a. We will be passing through an area of turbulence.

b. We are now passing through an area of turbulence.

Please return to your seat and fasten your seatbelt.

Thank you.

실전연습 영어

(2) TURBULENCE : LIGHT - 영어

(방송실시시점 : 비행 중 기장의 TURBULENCE 신호 직후,
fasten seatbelt sign on과 chime 1회 직후)

Ladies and gentlemen,
[léidiz] [dʒéntlmən]

a. We will be passing through an area of turbulence.
[pǽsiŋ] [θruː] [έəriə] [tə́ːrbjuləns]

b. We are now passing through an area of turbulence.
[pǽsiŋ] [θruː] [έəriə] [tə́ːrbjuləns]

Please return to your seat and fasten your seatbelt.
[pliːz] [ritə́ːrn] [fǽsnːsən] [siːtbelt]

Thank you.
[θæŋk]

(2) TURBULENCE : LIGHT - 일본어

(방송실시시점 : 비행 중 기장의 TURBULENCE 신호 직후, fasten seatbelt sign on과 chime 1회 직후)

皆様、

a.これより / 気流の 悪いところを 通過する 予定です。

b.ただ今 / 気流の 悪いところを 通過しております。

シートベルトを / (もうふの 上から)しっかりと おしめくださいませ。

실전연습 일본어

(2) TURBULENCE : LIGHT - 일본어

(방송실시시점 : 비행 중 기장의 TURBULENCE 신호 직후, fasten seatbelt sign on과 chime 1회 직후)

皆様、
미나사마.

a. これより / 気流の 悪いところを 通過する 予定です。
코레요리 / 키류우노 와루이토코로오 츠으카스루 요테이데스.

b. ただ今 / 気流の 悪いところを 通過しております。
타다이마 / 키류우노 와루이토코로오 츠으카시테오리마스.

シートベルトを / (もうふの 上から)しっかりと おしめくださいませ。
시-토베루토오 / (모우후노 우에카라) 싯카리토 오시메쿠다사이마세.

week 8주

(2) TURBULENCE : LIGHT - 중국어

(방송실시시점 : 비행 중 기장의 TURBULENCE 신호 직후,
fasten seatbelt sign on과 chime 1회 직후)

女士们，先生们，
由于气流变化，我们预测到飞机的颠簸
由于气流的变化，我们的飞机正在颠簸。
为了您的安全，请坐好座位上，系好安全带。

실전연습 중국어

(2) TURBULENCE : LIGHT - 중국어

(방송실시시점 : 비행 중 기장의 TURBULENCE 신호 직후,
fasten seatbelt sign on과 chime 1회 직후)

女士们，先生们，
(뉘쓰먼, 쌘성먼,)
안내말씀 드리겠습니다.

由于气流变化，我们预测到飞机的颠簸
(유위치류밴화 워먼위처또 [f]페이지더 댄버.)
기류변화로 비행기가 흔들릴 것으로 예상됩니다.

由于气流的变化，我们的飞机正在颠簸。
(유위치류더밴화, 워먼더 [f]페이지 정자이 댄버.)
기류변화로 비행기가 흔들리고 있습니다.

为了您的安全，请坐好座位上，系好安全带。
(웨이러닌더안챈, 칭쥒호줘웨이상, 찌호안챈따이.)
여러분의 안전을 위해 자리에 앉아 좌석벨트를 매 주십시오.

(3) TURBULENCE : SEVERE - 한국어

(방송실시시점 : 비행 중 기장의 TURBULENCE 신호 직후,
fasten seatbelt sign on과 chime 2회 직후)

손님 여러분, 안내말씀 드리겠습니다.

a. 항로상의 기류변화로 비행기가 심하게 흔들릴 것으로 예상됩니다. (흔들림이 없을 경우)
b. 항로상의 기류변화로 비행기가 심하게 흔들리고 있습니다.

여러분의 안전을 위해 / 서비스를 중단하고 / 객실의 안전을 점검하겠습니다.

손님 여러분께서는 흔들리는 동안 화장실의 사용을 삼가시고, 자리에 앉아 좌석벨트를 몸에 맞게 매 주시기 바랍니다.

또한 어린이의 좌석벨트 착용상태도 다시 한번 확인해 주십시오.

감사합니다.

실전연습 한국어

(3) TURBULENCE : SEVERE - 한국어

(방송실시시점 : 비행 중 기장의 TURBULENCE 신호 직후,
fasten seatbelt sign on과 chime 2회 직후)

손님 여러분, 안내말씀 드리겠습니다.
[손:님 여러븐] [안:내 말씀]

[흔들림이 없을 경우]
a. 항로상의 기류변화로 비행기가 심하게 흔들릴 것으로 예상됩니다. [항:노상에] [기:류] [예:상]
b. 항로상의 기류변화로 비행기가 심하게 흔들리고 있습니다. [항:노상에] [기:류] [심-하게]

여러분의 안전을 위해 / 서비스를 중단하고 / 객실의 안전을 점검하겠습니다.
[여러븐에] [안:전] [객실에] [안:전] [점:검]

손님 여러분께서는 흔들리는 동안 화장실의 사용을 삼가시고, 자리에 앉아
[손:님 여러븐께서는] [화-장실에] [사:용] [삼:가시고] [안:자]

좌석벨트를 몸에 맞게 매 주시기 바랍니다.
[좌:석] [매-주시기]

또한 어린이의 좌석벨트 착용상태도 다시 한번 확인해 주십시오.
[어린이에] [좌:석벨트] [화:긴해-주십-쇼]

감사합니다.
[감:사함니다]

(3) TURBULENCE : SEVERE - 영어

(방송실시시점 : 비행 중 기장의 TURBULENCE 신호 직후,
fasten seatbelt sign on과 chime 2회 직후)

Ladies and gentlemen,

a. We will be passing through an area of heavy turbulence.

b. We are now passing through an area of heavy turbulence.

We are asking our cabin crew to discontinue their service and secure the cabin for at this time.

Please return to your seat and fasten your seatbelt.

Thank you.

실전연습 영어

(3) TURBULENCE : SEVERE - 영어

(방송실시시점 : 비행 중 기장의 TURBULENCE 신호 직후,
fasten seatbelt sign on과 chime 2회 직후)

Ladies and gentlemen,
[léidiz] [dʒéntlmən]

a. We will be passing through an area of heavy turbulence.
[pǽsiŋ] [θruː] [ɛ́əriə] [hévi] [tə́ːrbjuləns]

b. We are now passing through an area of heavy turbulence.
[nau][pǽsiŋ] [θruː] [ɛ́əriə] [hévi] [tə́ːrbjuləns]

We are asking our cabin crew to discontinue their service and secure the
[ǽskiŋ] [kǽbin][kruː] [diskəntínjuː] [ðɛ́ər][sə́ːrvis] [sikjúər]

cabin for at this time.
[kǽbin] [taim]

Please return to your seat and fasten your seatbelt.
[pliːz] [ritə́ːrn] [siːt] [fǽsn] [siːtbelt]

Thank you.
[θæŋk]

(3) TURBULENCE : SEVERE - 일본어

(방송실시시점 : 비행 중 기장의 TURBULENCE 신호 직후,
fasten seatbelt sign on과 chime 2회 직후)

皆様、

a. これより / 気流の 悪いところを 通過する 予定です。
b. ただ今 / 気流の 悪いところを 通過しております。

シートベルトを / (もうふの 上から)しっかりと おしめくださいませ。

[서비스 일시중단]
また / おそれいりますが / 機内サービスを しばらく

中断させて いただきます。

ゆれが おさまりしだい / サービスを開始いたしますので /

どうぞ ご了承くださいませ。

감사합니다.

실전연습 일본어

(3) TURBULENCE : SEVERE - 일본어

(방송실시시점 : 비행 중 기장의 TURBULENCE 신호 직후,
fasten seatbelt sign on과 chime 2회 직후)

皆様、
미나사마,

a. これより / 気流の 悪いところを 通過する 予定です。
코레요리 / 키류우노 와루이토코로오 츠으카스루 요테이데스.

b. ただ今 / 気流の 悪いところを 通過しております。
타다이마 / 키류우노 와루이토코로오 츠으카시테오리마스.

シートベルトを / (もうふの 上から)しっかりと おしめくださいませ。
시-토베루토오 / (모우후노 우에카라) 싯카리토 오시메쿠다사이마세.

[서비스 일시중단]

また / おそれいりますが / 機内サービスを しばらく
마타 / 오소레이리마스가 / 키나이사-비스오 시바라쿠

中断させて いただきます。
츄우단사세테 이타다키마스.

ゆれが おさまりしだい / サービスを開始いたしますので /
유레가 오사마리시다이 / 사-비스오카이시이타 시마스노데 /

どうぞ ご了承くださいませ。
도우죠 고료우쇼우쿠다사이마세.

감사합니다.

(3) TURBULENCE : SEVERE - 중국어

(방송실시시점 : 비행 중 기장의 TURBULENCE 신호 직후,
fasten seatbelt sign on과 chime 2회 직후)

女士们，先生们

由于气流的变化，我们的飞机将会有明显的颠簸。

由于气流的变化，我们的飞机正在严重的颠簸。

为了您的安全，请坐好座位上，系好安全带。

我们暂停提供餐食服务，等到气流回到正常之后，我们即将为您提供餐食服务。

请您谅解。

실전연습 중국어

(3) TURBULENCE : SEVERE - 중국어

(방송실시시점 : 비행 중 기장의 TURBULENCE 신호 직후,
fasten seatbelt sign on과 chime 2회 직후)

女士们, 先生们,
(뉘쓰먼, 쌘성먼.)
안내말씀 드리겠습니다.

由于流的变化, 我们的飞机将会有明显的颠簸。
(유위치류더밴화, 워먼더 [f]페이지 쟝 회이 유 밍샌더댄버.)
기류변화로 비행기가 심하게 흔들릴 것으로 예상됩니다.

由于气流的变化, 我们的飞机正在严重的颠簸。
(유위치류더밴화, 워먼더 [f]페이지 정자이 앤중더댄버.)
기류변화로 비행기가 심하게 흔들리고 있습니다.

为了您的安全, 请坐好座位上, 系好安全带。
(웨이러닌더안챈, 칭줘호줘웨이상, 찌호안챈따이.)
여러분의 안전을 위해 자리에 앉아 좌석벨트를 매 주시기 바랍니다.

我们暂停提供餐食服务, 等到气流回到正常之后, 我们即将为您提供餐食服务。
(워먼잔팅티궁찬스[f]푸우, 덩도치류회이도 정창즈허우, 워먼 지쟝 웨이닌 티궁 찬스[f]푸우)
잠시 식사 서비스를 중단하겠습니다. 기류가 좋아지는 대로 식사 서비스를 시작하겠습니다.

请您谅解。
(칭닌량제.)
양해해 주시기 바랍니다.

(4) 개인용 VIDEO 사용 안내 - 한국어

(방송실시시점 : 이륙 후 객실사무장이 전체 개인용 VIDEO 작동 조작 후, 개인용 VIDEO 설치 기종에 한함)

손님 여러분,

지금부터 좌석에 장착된 개인용 비디오를 사용하실 수 있습니다.

개인용 비디오의 사용방법과 영화제목은 좌석 앞주머니 속에 있는 기내잡지를 참고하시기 바랍니다.

감사합니다. 즐거운 시간 되십시오.

실전연습 한국어

(4) 개인용 VIDEO 사용 안내 - 한국어

(방송실시시점 : 이륙 후 객실사무장이 전체 개인용 VIDEO 작동 조작 후, 개인용 VIDEO 설치 기종에 한함)

손님 여러분,
[손:님 여러븐]

지금부터 좌석에 장착된 개인용 비디오를 사용하실 수 있습니다.
[지:금부터-] [좌:석] [사:용]

개인용 비디오의 사용방법과 영화제목은 좌석 앞주머니 속에 있는 기내잡지를
[사:용 방법] [영:화] [좌:석] [앞:주머니]

참고하시기 바랍니다.
[참:고]

감사합니다. 즐거운 시간 되십시오.
[감:사함니다] [즐:거운] [되십-쇼]

(4) 개인용 VIDEO 사용 안내 - 영어

(방송실시시점 : 이륙 후 객실사무장이 전체 개인용 VIDEO 작동 조작 후, 개인용 VIDEO 설치 기종에 한함)

Ladies and gentlemen,
In just a moment, you will be able to enjoy your personal video system.
For available programs and operating instructions, please refer to the _____Airlines in-flight magazine in your seat pocket.
Thank you.

실전연습 영어

(4) 개인용 VIDEO 사용 안내 - 영어

(방송실시시점 : 이륙 후 객실사무장이 전체 개인용 VIDEO 작동 조작 후, 개인용 VIDEO 설치 기종에 한함)

Ladies and gentlemen,
[léidiz] [dʒéntlmən]

In just a moment, you will be able to enjoy your personal video system.
[dʒʌst] [móumənt] [éibl] [indʒɔ́i] [pə́rsənl][vídiòu][sístəm]

For available programs and operating instructions, please refer to the
[əvéiləbl][próugræm] [ápərèitiŋ][instrʌkʃən] [rifə́:r]

_____Airlines in-flight magazine in your seat pocket.
[mægəzi:n] [si:t] [pákit]

Thank you.
[θæŋk]

(4) 개인용 VIDEO 사용 안내 - 일본어

(방송실시시점 : 이륙 후 객실사무장이 전체 개인용 VIDEO 작동 조작 후,
개인용 VIDEO 설치 기종에 한함)

みなさま ただいまより / Personal Videoを じょうえい
いたします。じょうえい program と しようほうに
つきましては / おてもとの きないし ____ MAGAZINEを
ごらんくださいませ。
감사합니다.

실전연습 일본어

(4) 개인용 VIDEO 사용 안내 - 일본어

(방송실시시점 : 이륙 후 객실사무장이 전체 개인용 VIDEO 작동 조작 후,
개인용 VIDEO 설치 기종에 한함)

みなさま ただいまより / Personal Videoを じょうえい
미나사마 타다이마요리 / 파-소나루 비데오오 죠우에이

いたします。じょうえい program と しようほうに
이타시마스. 죠우에이 프로그라무 토 시요우호우니

つきましては / おてもとの きないし ____ MAGAZINEを
츠키마시테와 / 오테모토노 키나이시 ____ 매가징-오

ごらんくださいませ。
고랑쿠다사이마세.

감사합니다.

(4) 개인용 VIDEO 사용 안내 - 중국어

(방송실시시점 : 이륙 후 객실사무장이 전체 개인용 VIDEO 작동 조작 후,
개인용 VIDEO 설치 기종에 한함)

女士们, 先生们,

现在开始我们将上映个人影像。

个人影像使用方法和电影名称在前方座位口袋里的手册。

请您参阅。谢谢。

실전연습 중국어

(4) 개인용 VIDEO 사용 안내 - 중국어

(방송실시시점 : 이륙 후 객실사무장이 전체 개인용 VIDEO 작동 조작 후,
개인용 VIDEO 설치 기종에 한함)

女士们, 先生们,
(뉘쓰먼, 쌘성먼,)
손님 여러분,

现在开始我们将上映个人影像。
(샌자이 카이스 워먼 쟝 상잉 거런 잉샹.)
지금부터 개인용 비디오를 상영해 드리겠습니다.

个人影像使用方法和电影名称在前方座位口袋里的手册。
(거런잉샹 스융[f]팡[f]파허 댄잉밍청 자이 챈[f]팡 줘웨이 커우다이리더 서우처.)
개인용 비디오의 사용 방법과 영화제목은 좌석 앞주머니 속에 있습니다.

请您参阅。谢谢。
(칭닌찬웨. 셰셰.)
안내문을 참고하시기 바랍니다. 감사합니다.

(5) MOVIE 상영 안내 - 한국어

(방송실시시점 : 비행 중 1st Meal svc와 기내판매 직후,
노선에 따라 상영시간은 변동 가능함.
개인용 비디오가 장착되지 않은 기종에 한함)

여러분, 잠시 후 영화를 상영해 드리겠습니다.

보실 영화의 제목은 ______입니다.

창문커튼을 내려 주시고 / 편안한 영화감상을 위해 기내판매를 중단하겠습니다.

면세품 구입을 원하시는 고객 여러분께서는 / 저희 승무원에게 말씀해 주시기 바랍니다.

자리에 앉아 계실 때는 비행기가 갑자기 흔들릴 수 있으니, 여러분의 안전을 위해 반드시 좌석벨트를 매 주십시오.

하늘에서의 멋진 영화감상으로 즐거운 시간 보내시기 바랍니다.

감사합니다.

실전연습 한국어

(5) MOVIE 상영 안내 - 한국어

(방송실시시점 : 비행 중 1st Meal svc와 기내판매 직후,
노선에 따라 상영시간은 변동 가능함.
개인용 비디오가 장착되지 않은 기종에 한함)

여러분, 잠시 후 영화를 상영해 드리겠습니다.
[여러븐] [잠:시 후-]

보실 영화의 제목은 ______입니다.
[영화-의]

창문커튼을 내려 주시고 / 편안한 영화감상을 위해 기내판매를 중단하겠습니다.
[내:려 주시고] [편:안한] [중:단]

면세품 구입을 원하시는 고객 여러분께서는 / 저희 승무원에게 말씀해 주시기
[고:객 여러븐께서는] [말씀 해- 주시기]

바랍니다.

자리에 앉아 계실 때는 비행기가 갑자기 흔들릴 수 있으니, 여러분의 안전을 위해
[안자 계:실 때에는] [여러븐에] [안:전]

반드시 좌석벨트를 매 주십시오.
[좌:석벨트를] [매- 주십-쇼]

하늘에서의 멋진 영화감상으로 즐거운 시간 보내시기 바랍니다.
[영:화감상] [즐-거운] [보-내시기]

감사합니다.
[감:사함니다]

(5) MOVIE 상영 안내 - 영어

(방송실시시점 : 비행 중 1st Meal svc 직후,
노선에 따라 상영시간은 변동될 수 있음)

Ladies and gentlemen,

Our feature film(s) today / is (are) ______. (starring______.)

For better viewing, please lower your window blind.

For better viewing of our feature film, we will be discontinuing the sky-shopping service sales cart.

If you would like to purchase any duty-free items, please contact one of our cabin crew members.

Also, please keep your seatbelt fastened whenever seated / as a precaution against sudden turbulence.

Thank you.

실전연습 영어

(5) MOVIE 상영 안내 - 영어

(방송실시시점 : 비행 중 1st Meal svc 직후,
노선에 따라 상영시간은 변동될 수 있음)

Ladies and gentlemen,
[léidiz] [dʒéntlmən]

Our feature film(s) today / is (are) ______. (starring ______.)
[auər] [fí:ʧər][film] [sta:r]

For better viewing, please lower your window blind.
[bétər] [vjú:iŋ] [lóuər] [wíndou][blaind]

For better viewing of our feature film, we will be discontinuing the sky
[bétər] [vjú:iŋ] [fí:ʧə] [film] [dìskəntínju:] [skai]

shopping service sales cart.
[ʃάpiŋ] [sə́:rvis] [séilz][ka:rt]

If you would like to purchase any duty-free items, please contact one of
[pə́:rʧəs] [djú:ti][fri:] [áitəm][pli:z] [kάntækt]

our cabin crew members.
[kǽbin][kru:][mémbər]

Also, please keep your seatbelt fastened whenever seated / as a precaution
[ɔ́:lsou] [fǽsn:sən][hwenévər] [sí:tid] [prikɔ́:ʃən]

against sudden turbulence.
[əgénst, əgéinst][sʌdn] [tə́:rbjuləns]

Thank you.
[θæŋk]

(5) MOVIE 상영 안내 - 일본어

(방송실시시점 : 비행 중 1st Meal svc 직후,
노선에 따라 상영시간은 변동될 수 있음)

皆様、まもなく 映画を 上映いたします。
本日の 映画は / ______ (と______) でございます。

[DAY]
おそれいりますが / まどのブラインドを おしめくださいませ。

[NIGHT]
なお 映画の 上映のため、

カードでの免税品の 販売は、終了させていただきます。
免税品を ご希望のおきゃくさまは、乗務員まで おしらせくださいませ。

[GENERAL]
なお、急な 気流の 変化にそなえ お座席に
おつきの際には、シートベルトを おしめくださいませ。

실전연습 일본어

(5) MOVIE 상영 안내 - 일본어

(방송실시시점 : 비행 중 1st Meal svc 직후,
노선에 따라 상영시간은 변동될 수 있음)

皆様、まもなく　映画を　上映いたします。
미나사마. 마모나쿠 에이가오 죠우에이이타시마스.

本日の　映画は / ______(と______) でございます。
혼지츠노 에이가와 /_______(토______) 데고자이마스.

[DAY]

おそれいりますが / までのブラインドを　おしめくださいませ。
오소레이리마스가 / 마도노부라인도오 오시메쿠다사이마세.

[NIGHT]

なお　映画の　上映のため、
나오 에이가노 죠우에이노타메,

カードでの免税品の　販売は、終了させていただきます。
카-도데노멘제이힝노 함바이와, 슈우료우사세테이타다키마스.

免税品を　ご希望のおきゃくさまは、乗務員まで　おしらせくださいませ。
멘제이힝오 고키보우노오캬쿠사마와, 죠우무잉마데 오시라세쿠다사이마세.

GENERAL

なお、急な　気流の　変化にそなえ　お座席に
나오, 큐우나 키류우노 헹카니소나에 오자세키니

おつきの際には、シートベルトを　おしめくださいませ。
오츠키노사이니와, 시-토베루토오 오시메쿠다사이마세.

(5) MOVIE 상영 안내 - 중국어

(방송실시시점 : 비행 중 1st Meal svc 직후,
노선에 따라 상영시간은 변동될 수 있음)

女士们, 先生们,

我们将为您上映电影。

电影的名称是______。

선택 : 第一影片的名称是______。用餐后上映的第二影片的名称是______。

낮시간 : 如果把窗帘拉下来, 影响会更加清楚。

为了各位乘客舒适的观看电影, 我们将停止机内销售。如果没有购到免税物品的乘客, 请参阅座位前方口袋里的指南书后, 对我们乘务员讲。

因气流的变化飞机会突然颠簸。请您一直系好安全带。

실전연습 중국어

(5) MOVIE 상영 안내 - 중국어

(방송실시시점 : 비행 중 1st Meal svc 직후,
노선에 따라 상영시간은 변동될 수 있음)

女士们, 先生们,
(뉘쓰먼, 쌘성먼,)

손님 여러분,

我们将为您上映电影。
(워먼장 웨이닌 상잉 댄잉)

잠시 후 영화를 상영해 드리겠습니다.

电影的名称是______。
(댄잉더 밍청 스______)

보실 영화의 제목은______입니다.

선택 : 第一影片的名称是______。用餐后上映的第二影片的名称是______。
(띠이 잉팬더 밍청스__________. 융찬 허우 상잉더 띠알 잉팬더 밍청스__________)

첫 번째 영화의 제목은______이며, 식사 후 상영될 두 번째 영화는______입니다.

낮시간 : 如果把窗帘拉下来, 影响会更加清楚。
(루궈 바 창랼 라샤라이, 잉샹회이 껑 쟈 칭추.)

창문커튼을 내리시면, 더욱 선명한 영상을 즐기실 수 있습니다.

为了各位乘客舒适的观看电影，我们将停止机内销售。
(웨러 거웨이 청커 수스더 관칸 댄잉, 워먼 쟝 팅즈 지네이 쇼써우.)

손님 여러분의 편안한 영화감상을 위해 기내판매대 운영을 중단하겠습니다.

如果没有购到免税物品的乘客，请参阅座位前方口袋里的指南书后，对我们乘务员讲。
(루궈 메유 꺼우도우 맨쉐이 우핀더 청커, 칭찬웨 쥐웨이 챈[f]팡커우다이리더 즈난수허우, 뙤이 워먼 청우왠 쟝.)

아직까지 면세품 구입을 하지 못하신 손님께서는 앞에 있는 안내서를 참고하신 후 저희 승무원에게 필요한 물품을 말씀해 주시기 바랍니다.

因气流的变化飞机会突然颠簸。请您一直系好安全带。
(인 치류더 밴화[f]페이지 훼이 투란 댄버. 칭닌 이즈 찌호 안첸따이)

자리에 앉아 계실 때는 기류변화로 갑자기 흔들릴 수 있으니, 항상 좌석벨트를 매 주십시오.

(6) 기내판매 안내 - 한국어

(방송실시시점 : 기내판매 준비완료 후 기내판매 실시 직전)

안내말씀 드리겠습니다.
저희 _____항공에서는 손님 여러분의 쇼핑 편의를 위해 / 면세품을 준비했습니다.
구입을 원하시는 분께서는 / 저희 기내판매대가 지날 때에 말씀해 주시기 바랍니다.
상품에 대한 자세한 내용은 좌석 앞주머니 속의 Sky shop 잡지를 참고해 주십시오.
아울러 저희 ______항공에서는 면세품 사전 주문제를 운영하고 있습니다.
다음 여행에 필요한 면세품을 미리 주문하실 분께서는 / 저희 승무원에게 말씀해 주십시오.
감사합니다.

실전연습 한국어

(6) 기내판매 안내 - 한국어

(방송실시시점 : 기내판매 준비완료 후 기내판매 실시 직전)

안내말씀 드리겠습니다.
[안:내말씀]

저희 _____항공에서는 손님 여러분의 쇼핑 편의를 위해 / 면세품을 준비했습니다.
[항:공] [손:님 여러븐에] [편:의] [위해-] [면:세품] [준:비]

구입을 원하시는 분께서는 / 저희 기내판매대가 지날 때 / 말씀해 주시기 바랍니다.
[원-하시는] [기:내판매대] [말:씀]

상품에 대한 자세한 내용은 좌석 앞주머니 속의 Sky shop 잡지를 참고해 주십시오.
[좌:석] [앞:주머니 쏘게] [참:고]

아울러 저희 _____항공에서는 면세품 사전 주문제를 운영하고 있습니다.
[아울러-] [항:공] [운:영하고]

다음 여행에 필요한 면세품을 미리 주문하실 분께서는 / 저희 승무원에게 말씀해
[피료한 면:세품을] [분-께서는] [말:씀]

주십시오.
[주십-쇼]

감사합니다.
[감:사함니다]

(6) 기내판매 안내 - 영어

(방송실시시점 : 기내판매 준비완료 후 기내판매 실시 직전)

Ladies and gentlmen,
We will now begin our sky shopping service.
You can purchase duty-free items / when the sales cart passes by your seat.
For further information, please refer to the 'sky shop' magazine in your seat pocket.
Also, if you would like to pre-order any duty-free items for your return flight, please contact one of our cabin crew members.
Thank you.

실전연습 영어

(6) 기내판매 안내 - 영어

(방송실시시점 : 기내판매 준비완료 후 기내판매 실시 직전)

Ladies and gentlemen,
[léidiz] [dʒéntlmən]

We will now begin our sky shopping service.
[bigín] [sə́ːrvis]

You can purchase duty-free items / when the sales cart passes by your seat.
[pə́ːrʧəs] [áitəm] [séilz][kaːrt][pæs]

For further information, please refer to the 'sky shop' magazine in your seat
[fə́ːrðər][infərméiʃən] [rifə́ːr] [mægəziːn]

pocket.
[pákit]

Also, if you would like to pre-order any duty-free items for your return
[ɔ́ːlsou] [wúd] [laik] [priː–][ɔ́ːrdər] [áitəm] [ritə́ːrn]

flight, please contact one of our cabin crew members.
[flait] [kántækt] [mémbər]

Thank you.
[θæŋk]

(6) 기내판매 안내 - 일본어

(방송실시시점 : 기내판매 준비완료 후 기내판매 실시 직전)

ご案内いたします。

ただ今より 免税品の 販売を いたします。

ご希望の お客様は / 販売カードが まいりました際 /
担当 乗務員に お知らせください。

なお お手元に 案内書が はいっております。

また、________ AIRでは /
おかえりのびんの免税品を ご予約いただけます。

ご希望の お客様は 乗務員まで お知らせください。

なお、つぎの______と______の あいだは /
(국가명)の税関の 規定により / 免税品の 販売は
ございません。

どうぞ ご了承ください。

실전연습 일본어

(6) 기내판매 안내 - 일본어

(방송실시시점 : 기내판매 준비완료 후 기내판매 실시 직전)

ご案内いたします。
고안나이이타시마스.

ただ今より 免税品の 販売を いたします。
타다이마요리 멘제이힝노 함바이오 이타시마스.

ご希望の お客様は / 販売カードが まいりました際 /
고키보우노 오캬쿠사마와 / 함바이카-도가 마이리마시타사이 /

担当 乗務員に お知らせください。
탄토우 죠우무잉니 오시라세쿠다사이.

なお お手元に 案内書が はいっております。
나오 오테모토니 안나이쇼가 하잇떼오리마스.

また、_______ AIRでは /
마타, _______ 에아데와 /

おかえりのびんの免税品を ご予約いただけます。
오카에리 노빙노 멘제이힝오 고요야쿠이타다케마스.

ご希望の お客様は 乗務員まで お知らせください。
고키보우노 오캬쿠사마와 죠우무잉마데 오시라세쿠다사이.

なお、つぎの______と______の あいだは /
나오, 츠기노______토______노 아이다와/

(국가명)の税関の 規定により / 免税品の 販売は
(국가명) 노제이칸노 키테이니요리 / 멘제이힝노 함바이와

ございません。
고자이마셍.

どうぞ ご了承ください。
도우죠 고료우쇼우쿠다사이.

week 8주

(6) 기내판매 안내 - 중국어

(방송실시시점 : 기내판매 준비완료 후 기내판매 실시 직전)

女士们, 先生们,

我们______航空为了您购物的方便, 准备了免税物品。

将我们在机内销售时, 有需购买的旅客们 跟我们乘务员打声招呼。

对商品的详细内容请您参阅前方座位口袋里的手册。

실전연습 중국어

(6) 기내판매 안내 - 중국어

(방송실시시점 : 기내판매 준비완료 후 기내판매 실시 직전)

女士们, 先生们,
(뉘쓰먼, 쌘성먼,)
안내말씀 드리겠습니다.

我们______航空为了您购物的方便, 准备了免税物品。
(워먼______항쿵 웨러 닌꺼우더[f]팡밴, 준베러 맨쉐 우핀.)
저희______항공에서는 손님 여러분의 편의를 위해 면세품을 준비했습니다.

将我们在机内销售时, 有需购买的旅客们 跟我们乘务员打声招呼。
(쟝 워먼 짜이 지네 쇼쉬스, 유쉬꺼우 마이더 뤼커먼 껀 워먼 청우왠 따성쪼후.)
구입을 원하시는 분께서는 저희 기내판매대가 지날 때 말씀해 주시기 바랍니다.

对商品的详细内容请您参阅前方座位口袋里的手册。
(뙤이 상핀더 샹시 네룽 칭닌 찬웨 챈[f]팡 줘웨 커우따이리더 써우처.)
상품에 대한 자세한 내용은 좌석 앞주머니 속의 안내문을 참고해 주십시오.

(7) 입국서류 작성안내 - 한국어

(대상 노선 : 검역설문서 탑재 노선, 방송실시시점 : 승객용 입국서류 배포 시)

안내말씀 드리겠습니다.
지금부터 저희 승무원들이 (국가명) 입국에 필요한 서류를 나누어 드리겠습니다.
아울러 함께 나누어 드리는 검역설문서는 주소를 비롯한 모든 항목을 정확히 작성하신 다음, 도착 후 검역직원에게 제출해 주십시오.
궁금한 점이 있으신 분께서는 / 저희 승무원에게 말씀해 주시면 정성껏 도와드리겠습니다.
감사합니다.

실전연습 한국어

(7) 입국서류 작성안내 - 한국어

(대상 노선 : 검역설문서 탑재 노선, 방송실시시점 : 승객용 입국서류 배포 시)

안내말씀 드리겠습니다.
[안:내말씀]

지금부터 저희 승무원들이 (국가명) 입국에 필요한 서류를 나누어 드리겠습니다.
[지:금부터–] [필:요한 서:류–를]

아울러 함께 나누어 드리는 검역설문서는 주소를 비롯한 모든 항목을 정확히
[아울–러] [검:역 설문서는] [모든 항:목을] [정–확히]

작성하신 다음, 도착 후 검역직원에게 제출해 주십시오.
[작:성] [도:착 후–] [제:출 해 주십–쇼]

궁금한 점이 있으신 분께서는 / 저희 승무원에게 말씀해 주시면 정성껏 도와드리
[이쓰신 분:께서는–] [말:씀] [정:성껏]

겠습니다.

감사합니다.
[감:사함니다]

week 8주

(7) 입국서류 작성안내 - 영어

(대상 노선 : 검역설문서 탑재 노선, 방송실시시점 : 승객용 입국서류 배포 시)

Ladies and gentlemen,

We will be distributing the Entry card, Customs forms / for (국가명).

All passengers entering (국가명) are kindly requested to fill out the "Questionnaire on Quarantine" completely and submit it to the Quarantine Authorities.

If there are any questions, / Please ask one of our cabin crew.

Thank you.

실전연습 영어

(7) 입국서류 작성안내 - 영어

(대상 노선 : 검역설문서 탑재 노선, 방송실시시점 : 승객용 입국서류 배포 시)

Ladies and gentlemen,
[léidiz] [dʒéntlmən]

We will be distributing the Entry card, Customs forms / for (국가명).
[distríbju:tiŋ] [éntri][ka:rd][kʌstəm] [fɔ:rm]

All passengers entering (국가명) are kindly requested to fill out the
[pǽsəndʒər] [éntər] [káindli] [rikwést] [fil][aut]

"Questionnaire on Quarantine" completely and submit it to the
[kwèstʃənέər] [kwɔ́:rəntì:n] [kəmplí:tli] [səbmít]

Quarantine Authorities.
[kwɔ́:rəntì:n] [əθɔ́:rəti]

If there are any questions, / Please ask one of our cabin crew.
[kwéstʃəñ] [æsk] [kǽbin][kru:]

Thank you.
[θæŋk]

(7) 입국서류 작성안내 - 일본어

(대상 노선 : 검역설문서 탑재 노선, 방송실시시점 : 승객용 입국서류 배포 시)

ごあんないいたします。
ただいまより にゅうこくにひつようなしょるいを
おくばりいたします。
また、(국가명) でおおりのおきゃくさまは、かならず
けんえきのしょるいに ごきにゅうくださいませ。
なお ごしつもんがございましたら、
わたくしどもに ごえんりょなく おしらせくださいませ。

실전연습 일본어

(7) 입국서류 작성안내 - 일본어

(대상 노선 : 검역설문서 탑재 노선, 방송실시시점 : 승객용 입국서류 배포 시)

ごあんないいたします。
고안나이이타시마스.

ただいまより にゅうこくにひつようなしょるいを
타다이마요리 뉴우코쿠니히츠요우나쇼루이오

おくばりいたします。
오쿠바리이타시마스.

また、(국가명) でおおりのおきゃくさまは、かならず
마타, (국가명) 데오오리노오캬쿠사마와, 카나라즈

けんえきのしょるいに ごきにゅうくださいませ。
켕에키노쇼루이니 고키뉴우쿠다사이마세.

なお ごしつもんがございましたら、
나오 고시츠몽가고자이마시타라,

わたくしどもに ごえんりょなく おしらせくださいませ。
와타쿠시도모니 고엔료나쿠 오시라세쿠다사이마세.

(7) 입국서류 작성안내 - 중국어

(대상 노선 : 검역설문서 탑재 노선, 방송실시시점 : 승객용 입국서류 배포 시)

女士们, 先生们,

现在我们乘务员将散发给您入国所需的资料。

下面为您散发的调查表下请正确的填写地址以及其他所有项目。
到达目的地以后把填写的表传给检疫人员。

如果需要帮助的旅客请随时问我们乘务员, 我们会真诚的帮助您。

谢谢。

실전연습 중국어

(7) 입국서류 작성안내 - 중국어

(대상 노선 : 검역설문서 탑재 노선, 방송실시시점 : 승객용 입국서류 배포 시)

女士们, 先生们,
(뉘쓰먼, 쌘성먼,)
안내말씀 드리겠습니다.

现在我们乘务员将散发给您入国所需的资料。
(샌자이 워먼 청우왠 쟝 산[f]파 게이닌 루궈 쉬쉬더 즈료.)
지금부터 저희 승무원들이 입국에 필요한 서류를 나누어 드리겠습니다.

下面为您散发的调查表下请正确的填写地址以及其他所有项目。
(샤맨 웨닌 산[f]파더 뚀차뵤샤 칭 정췌더 탠세 띠즈 이지 치타 쉬유샹무)
함께 나누어드리는 검역설문서는 주소를 비롯한 모든 항목을 정확히 작성하신 다음

到达目的地以后把填写的表传给检疫人员。
(또다 무디띠 이허우 바 탠세더 뵤 촨게 잰이런왠)
도착 후 검역직원에게 제출해 주십시오.

如果需要帮助的旅客请随时问我们乘务员, 我们会真诚的帮助您。
(루궈 쉬요 방주더 뤼커 칭 쉐이스 원워먼 청우왠, 워먼 회이 전청더 방쭈닌.)
궁금한 점이 있는 분께서는 저희 승무원에게 말씀해 주시면 정성껏 도와드리겠습니다.

谢谢。
(셰셰.)
감사합니다.

제3장 비행 중 기내방송 Ⅱ (한국어 / 영어 / 일본어 / 중국어)

(1) 기내체조 VIDEO 상영 안내 - 한국어

(방송실시시점 : 기내체조 VIDEO 상영 직전)

손님 여러분,
잠시 후 기내체조 비디오를 상영하겠습니다.
기내체조와 함께 즐거운 시간 보내시기 바랍니다.

실전연습 한국어

(1) 기내체조 VIDEO 상영 안내 - 한국어

(방송실시시점 : 기내체조 VIDEO 상영 직전)

손님 여러분,
[손:님 여러븐]

잠시 후 기내체조 비디오를 상영하겠습니다.
[잠:시 후-][기:내체조]

기내체조와 함께 즐거운 시간 보내시기 바랍니다.
[기:내체조] [즐:거운] [바람니다]

(1) 기내체조 VIDEO 상영 안내 - 영어

(방송실시시점 : 기내체조 VIDEO 상영 직전)

Ladies and gentleman,

We will be showing a in flight stretching video.

We hope it makes your flight more enjoyable.

실전연습 영어

(1) 기내체조 VIDEO 상영 안내 - 영어

(방송실시시점 : 기내체조 VIDEO 상영 직전)

Ladies and gentleman,
[léidiz] [dʒéntlmən]

We will be showing a in flight stretching video.
[ʃóuiŋ] [strétʃiŋ] [vídiòu]

We hope it makes your flight more enjoyable.
[houp] [indʒɔ́iəbl]

week 9주

(1) 기내체조 VIDEO 상영 안내 - 일본어

(방송실시시점 : 기내체조 VIDEO 상영 직전)

お客様の 皆様

まもなく 機内体操の ビデオを 上映いたします。

機内体操と ともに たのしい お時間を お送り下さい。

실전연습 일본어

(1) 기내체조 VIDEO 상영 안내 - 일본어

(방송실시시점 : 기내체조 VIDEO 상영 직전)

お客様の 皆様
오캬쿠사마노 미나사마

まもなく 機内体操の ビデオを 上映いたします。
마모나쿠 키나이타이소우노 비데오오 죠우에이이타시마스

機内体操と ともに たのしい お時間を お送り下さい。
키나이타이소우토 토모니 타노시이 오지캉오 오오쿠리쿠다사이

(1) 기내체조 VIDEO 상영 안내 - 중국어
(방송실시시점 : 기내체조 VIDEO 상영 직전)

女士们, 先生们,

稍后我们将为您上映机内体操影像。

希望能和机内体操一起过愉快的时间。

실전연습 중국어

(1) 기내체조 VIDEO 상영 안내 - 중국어
(방송실시시점 : 기내체조 VIDEO 상영 직전)

女士们, 先生们,
(뉘쓰먼, 쌘성먼,)

손님 여러분,

稍后我们将为您上映机内体操影像。
(쏘허우 워먼쟝 웨닌 쌍잉 지네이 티초잉샹)

잠시 후 기내체조 video를 상영하겠습니다.

希望能和机内体操一起过愉快的时间。
(시왕넝 허 지네티초이치 꿔 위콰이더 스잰)

기내체조와 함께 즐거운 시간 보내시기 바랍니다.

(2) HEADPHONE 회수 안내 - 한국어

(방송실시시점 : 기장의 도착 안내방송 직후(약 도착 30분 전)
야간비행(22시) 이후 사무장 판단에 의해 생략)

승객 여러분,

헤드폰 미회수 시 :
사용하신 헤드폰은 좌석 앞주머니에 넣어 주시기 바랍니다.

헤드폰 회수 시 :
착륙준비를 위해 헤드폰을 회수하겠습니다.
협조해 주셔서 감사합니다.

실전연습 한국어

(2) HEADPHONE 회수 안내 - 한국어

(방송실시시점 : 기장의 도착 안내방송 직후(약 도착 30분 전)
야간비행(22시) 이후 사무장 판단에 의해 생략)

손님 여러분,
[손:님 여러븐]

헤드폰 미회수 시 :
사용하신 헤드폰은 좌석 앞주머니에 넣어 주시기 바랍니다.
[좌:석] [너어]

헤드폰 회수 시 :
착륙준비를 위해 헤드폰을 회수하겠습니다.
[착:륙] [회:수]
협조해 주셔서 감사합니다.
[협:쪼] [감:사함니다]

(2) HEADPHONE 회수 안내 - 영어

(방송실시시점 : 기장의 도착 안내방송 직후(약 도착 30분 전)
야간비행(22시) 이후 사무장 판단에 의해 생략)

Ladies and gentlemen,
Our cabin crew will be collecting headphones.
Thank you for your cooperation.

실전연습 영어

(2) HEADPHONE 회수 안내 - 영어

(방송실시시점 : 기장의 도착 안내방송 직후(약 도착 30분 전)
야간비행(22시) 이후 사무장 판단에 의해 생략)

Ladies and gentlemen,
[léidiz] [dʒéntlmən]

Our cabin crew will be collecting headphones.
[kǽbin][kruː] [kəléktiŋ] [héad·phòne]

Thank you for your cooperation.
[θæŋk] [kouɑ̀pəréiʃən]

week 9주

(2) HEADPHONE 회수 안내 - 일본어

(방송실시시점 : 기장의 도착 안내방송 직후(약 도착 30분 전)
야간비행(22시) 이후 사무장 판단에 의해 생략)

ご案内いたします。

ただいまよりヘッドホーン(と アンケート)を かいしゅうさせて

いただきます。

실전연습 일본어

(2) HEADPHONE 회수 안내 - 일본어

(방송실시시점 : 기장의 도착 안내방송 직후(약 도착 30분 전)
야간비행(22시) 이후 사무장 판단에 의해 생략)

ご案内いたします。
고안나이이타시마스.

ただいまよりヘッドホーン(と アンケート)を かいしゅうさせて
타다이마요리헷도호옹 (토 앙케-토) 오 카이슈우사세테

いただきます。
이타다키마스.

(2) HEADPHONE 회수 안내 - 중국어

(방송실시시점 : 기장의 도착 안내방송 직후(약 도착 30분 전)
야간비행(22시) 이후 사무장 판단에 의해 생략)

女士们, 先生们,

[헤드폰 미회수 시]
将您使用的耳机放入座位前方口袋内。

[헤드폰 회수 시]
为了飞机下降, 我们乘务员将会收回耳机, 谢谢旅客的协助。

실전연습 중국어

(2) HEADPHONE 회수 안내 - 중국어

(방송실시시점 : 기장의 도착 안내방송 직후(약 도착 30분 전)
야간비행(22시) 이후 사무장 판단에 의해 생략)

女士们, 先生们,
(뉘쓰먼, 쌘성먼,)
승객 여러분,

[헤드폰 미회수 시]
将您使用的耳机放入座位前方口袋内。
(쟝닌스융더얼지 [f]팡루 줘웨이 챈[f]팡 커우다이리)
사용하신 헤드폰은 좌석 앞주머니에 넣어 주시기 바랍니다.

[헤드폰 회수 시]
为了飞机下降, 我们乘务员将会收回耳机, 谢谢旅客的协助。
(웨러 [f]페이지 샤쟝, 워먼 청우왠 쟝 회 서우회 얼지, 셰셰뤼커더 셰쭈)
착륙준비를 위해 헤드폰을 회수하겠습니다, 협조해 주셔서 감사합니다.

week 9주

(3) ARRIVAL INFORMATION : KOREA - 한국어

(방송실시시점 : 도착 20분 전)

안내말씀 드리겠습니다.

대한민국에 입국하시는 손님 여러분께서는 / 입국에 필요한 입국카드와 휴대품 신고서(그리고 검역설문서)를 (반드시) 작성하시기 바랍니다.

특히, 손님 중에 미화 만불 이상이나 이에 해당하는 외화 또는 원화를 지니셨거나 미화 600불 이상의 물품을 구입하신 분께서는 세관에 반드시 신고해 주십시오.

아울러 반입이 제한된 물품이나 농, 축, 수산물류를 지닌 분께서도 신고하는 것을 잊지 마시기 바랍니다.

자진신고를 하지 않을 경우 가산세가 부과됨을 알려드립니다.

감사합니다.

실전연습 한국어

(3) ARRIVAL INFORMATION : KOREA - 한국어

(방송실시시점 : 도착 20분 전)

안내말씀 드리겠습니다.
[안:내말씀]

대한민국에 입국하시는 손님 여러분께서는 / 입국에 필요한 입국카드와 휴대품
[손:님 여러븐께서는] [입:국카-드]

신고서(그리고 검역설문서)를 (반드시) 작성하시기 바랍니다.
[반:드시] [작:성]

특히, 손님 중에 미화 만불 이상이나 이에 해당하는 외화 또는 원화를 지니셨거나,
[손:님] [만-불] [외:화] [원:화]

미화 600불 이상의 물품을 구입하신 분께서는 세관에 반드시 신고해 주십시오.
[구:입] [분:께서는] [세:관에] [신:고해] [주십-쇼]

아울러 반입이 제한된 물품이나 농·축·수산물류를 지닌 분께서도 신고하는 것을
[아울러-] [분:께서도]

잊지 마시기 바랍니다.
[잊:지] [바람니다]

자진신고를 하지 않을 경우 가산세가 부과됨을 알려드립니다.
[자:진신고] [부:과 되믈]

감사합니다.
[감:사함니다]

(3) ARRIVAL INFORMATION : KOREA - 영어

(방송실시시점 : 도착 20분 전)

Ladies and gentlemen,

For entering Korea, / please have your entry documents ready.

All passengers are required to complete an arrival card.

Passengers with any restricted items, / or carring items with a combined value of 600 US dollars or more / must complete a customs form.

If you are carring more than ten thousand US dollars or / the equivalent in foreign currency.

Please declare that amount on the custums form.

Meats, plants, fruits or any other food items / should also be declared.

Failure to declare could result in an additional tax.

Thank you.

실전연습 영어

(3) ARRIVAL INFORMATION : KOREA - 영어

(방송실시시점 : 도착 20분 전)

Ladies and gentlemen,
[léidiz] [dʒéntlmən]

For entering Korea, / please have your entry documents ready.
[éntər] [éntri] [dákjumənt][rédi]

All passengers are required to completely an arrival card.
[ɔ:l][pǽsəndʒər] [rikwáiərd] [kəmplí:tli] [əráivəl][ka:rd]

Passengers with any restricted items, / or carring items with a combined
[pǽsəndʒər] [ristríktid][áitəm] [kǽri] [kəmbáind]

value of 600 US dollars or more / must completely a customs form.
[vǽlju:] [dálər] [kəmplí:tli] [kʌstəm][fɔ:rm]

If you are carring more than ten thousand US dollars or the equivalent in
[kǽri] [ten][θáuzənd] [ikwívələnt]

foreign currency.
[fɔ́:rən, fárən] [kə́:rənsi]

Please declare that amount on the customs form.
[dikléər] [əmáunt] [kʌstəm][fɔ:rm]

Meats, plants, fruits or any other food items should also be declared.
[mi:t] [plænt] [fru:t] [ʌðər] [fu:d][áitəm] [dikléərd]

Failure to declare could result in an additional tax.
[féiljər] [dikléər] [rizʌlt] [ədíʃənl] [tæks]

Thank you.
[θæŋk]

(3) ARRIVAL INFORMATION : KOREA - 일본어

(방송실시시점 : 도착 20분 전)

ご案内いたします。

かんこくで お降りの お客様は / 入国 書類を

ご用意ください。

なお、アメリカ ドルを 10,000ドル以上 / または /

これに そうとうする 外国貨幣を おもちのお客様 /

植物、肉類を おもちのお客様は、

かならず 税関 申告書に おかきください。

なお、申告もれが あった ばあいには /

罰金が かせられることが ございますので /

ご注意くださいませ。

실전연습 일본어

(3) ARRIVAL INFORMATION : KOREA - 일본어

(방송실시시점 : 도착 20분 전)

ご案内いたします。
고안나이이타시마스.

かんこくで お降りの お客様は / 入国 書類を
캉코쿠데 오오리노 오캬쿠사마와 / 뉴우코쿠 쇼루이오

ご用意ください。
고요우이쿠다사이.

なお、アメリカ ドルを 10,000ドル以上 / または /
나오, 아메리카 도루오 이치만도루이죠우 / 마타와 /

これに そうとうする 外国貨幣を おもちのお客様 /
코레니 소우토우스루 가이코쿠카헤이오 오모치노오캬쿠사마 /

植物、 肉類を おもちのお客様は、
쇼큐부츠, 니끄루이오 오모치노오캬쿠사마와,

かならず 税関 申告書に おかきください。
카나라즈 제이칸 싱코쿠쇼니 오카키쿠다사이.

なお、申告もれが あった ばあいには /
나오, 싱코쿠모레가 앗타 바아이니와 /

罰金が かせられることが ございますので /
박킹가 카세라레루코토가 고자이마스노데 /

ご注意くださいませ。
고츄우이쿠다사이마세.

week 9주

(3) ARRIVAL INFORMATION : KOREA - 중국어

(방송실시시점 : 도착 20분 전)

各位旅客 请您确认一下是否准备好入国所需的资料。
在______下机的乘客,
请您确认是否准备好入国所需的资料。
本次航班是______航空______次航班。
谢谢。

실전연습 중국어

(3) ARRIVAL INFORMATION : KOREA - 중국어

(방송실시시점 : 도착 20분 전)

各位旅客,
(꺼웨뤼커)
안내말씀 드리겠습니다.

请您确认一下是否准备好入国所需的资料。
칭닌춰런이샤 스[f]퍼우 준베호 루궈 쉬쉬더 즈료)
손님 여러분께서는 입구에 필요한 서류를 준비했는지 확인해 주시기 바랍니다.

在_______下机的乘客, 请您确认是否准备好入国所需的资料。
(짜이_______샤지더 청커, 칭닌췌런 스[f]퍼우 준베호 루궈 쉬쉬더 즈료)
______에서 내리실 손님 여러분께서는 입국에 필요한 서류를 준비했는지 확인해 주시기 바랍니다.

本次航班是______航空______次航班。
(번츠항반스________항쿵________츠항반.)
참고로 이 비행기는______항공______편입니다.

谢谢。
(셰셰)
감사합니다.

(4) ARRIVAL INFORMATION : 이슬람 국가 - 한국어

(방송실시시점 : 도착 20분 전)

안내말씀 드리겠습니다.

______에서 내리실 손님 여러분께서는 / 입국에 필요한 서류를 준비하셨는지 / 확인해 주시기 바랍니다.

그리고 이 공항에서는 / 사진촬영과 주류, 성인용 잡지의 반입이 금지돼 있사오니 / 유의해 주십시오. 감사합니다.

실전연습 한국어

(4) ARRIVAL INFORMATION : 이슬람 국가 - 한국어

(방송실시시점 : 도착 20분 전)

안내말씀 드리겠습니다.
[안:내말씀]

_______에서 내리실 손님 여러분께서는 / 입국에 필요한 서류를 준비하셨는지 /
[도시명] [손:님 여러븐께서는] [준비 하-셨는지]

확인해 주시기 바랍니다.
[화긴해- 주시기 바람니다]

그리고 이 공항에서는 / 사진촬영과 주류, 성인용 잡지의 반입이 금지돼 있사오니 /
[사진촬:영] [주류-] [반:입] [금:지]

유의해 주십시오.
[유:이해] [주십-쇼]

감사합니다.
[감:사함니다]

week 9주

(4) ARRIVAL INFORMATION : 이슬람 국가 - 일본어

(방송실시시점 : 도착 20분 전)

ご案内いたします。

______で お降りの お客様は 入国 書類を ご用意ください。

なお、この空港では 写真 撮影

および おさけ類のもちこみは / 禁じられております。

また、成人 雑誌のもちこみも 禁じられて おりますので /

ご注意くださいませ。

실전연습 일본어

(4) ARRIVAL INFORMATION : 이슬람 국가 - 일본어

(방송실시시점 : 도착 20분 전)

ご案内いたします。
고안나이이타시마스.

______で お降りの お客様は　入国　書類を ご用意ください。
______데　오오리노　　오캬쿠사마와 뉴우코쿠 쇼루이오　고요우이쿠다사이.

なお、この空港では 写真 撮影
나오,　코노쿠우코우데와　샤신　사츠에이

および おさけ類のもちこみは / 禁じられております。
오요비　오사케루이노모치코미와　　/　킨지라레테오리마스.

また、成人 雑誌のもちこみも 禁じられて おりますので /
마타,　세이진 잣시노모치코미모　　　킨지라레테 오리마스노데 /

ご注意くださいませ。
고츄우이쿠다사이마세.

(4) ARRIVAL INFORMATION : 이슬람 국가 - 중국어

(방송실시시점 : 도착 20분 전)

乘客们, 你们好。

从______下飞机的乘客, 请准备好入境所需要的证件。

本机场内禁止拍照、携带酒类和不良杂志。

谢谢。

실전연습 중국어

(4) ARRIVAL INFORMATION : 이슬람 국가 - 중국어

(방송실시시점 : 도착 20분 전)

乘客们, 你们好。
(청커먼, 니먼하오)
안내말씀 드리겠습니다.

从______下飞机的乘客, 请准备好入境所需要的证件。
(총______시아 페이지더 청커, 칭 준배이하오 루징 소 쉬야오더 정지엔)
______에서 내리실 손님 여러분께서는 / 입국에 필요한 서류를 준비하셨는지 / 확인해 주시기 바랍니다.

本机场内禁止拍照、携带酒类和不良杂志。
(본 지창내이 진즐 파이쟈오, 시에따이 지유레이 허 부량자즈,)
그리고 이 공항에서는 / 사진촬영과 주류, 성인용 잡지의 반입이 금지돼 있사오니 / 유의해 주십시오.

谢谢。
(쎼쎼)
감사합니다.

(5) ARRIVAL INFORMATION : SINGAPORE - 한국어

(방송실시시점 : 도착 20분 전)

안내말씀 드리겠습니다.

싱가포르에서 내리실 손님 여러분께서는 / 입국에 필요한 서류를 준비하셨는지 확인해 주시기 바랍니다.

그리고 껌과 담배를 가지고 계신 분은 / 공항 청사 내 흡연실에서만 담배를 피우실 수 있도록 법에 규정되어 있으니 / 유의해 주십시오.

아울러 싱가포르에서 생산된 농·축·수산물은 / 한국으로 반입이 금지되어 있음을 알려드립니다.

병충해 예방을 위해 한국으로 돌아오실 때는 위와 같은 물품을 지니지 않도록 협조해 주시기 바랍니다.

감사합니다.

실전연습 한국어

(5) ARRIVAL INFORMATION : SIN - 한국어

(방송실시시점 : 도착 20분 전)

안내말씀 드리겠습니다.
[안:내말씀]

싱가포르에서 내리실 손님 여러분께서는 / 입국에 필요한 서류를 준비하셨는지 /
[손:님 여러븐께서는] [피료한] [준:비]

확인해 주시기 바랍니다.
[화:긴해]

그리고 껌과 담배를 가지고 계신 분은 / 공항 청사 내 흡연실에서만 담배를 피우실
[가지고 계:신] [청사 내–] [담:배를]

수 있도록 법에 규정되어 있으니 / 유의해 주십시오.
[규:정] [유:이해]

아울러 싱가포르에서 생산된 농·축·수산물은 한국으로의 반입이 금지되어 있음을
[아울:러–] [반:입] [금:지]

알려드립니다.
[알:려드림니다]

병충해 예방을 위해 한국으로 돌아오실 때는 / 위와 같은 물품을 지니지 않도록
[예:방] [때에는]

협조해 주시기 바랍니다.
[협:쪼]

감사합니다.
[감:사함니다]

(5) ARRIVAL INFORMATION : SIN - 영어

(방송실시시점 : 도착 20분 전)

Ladies and gentlemen,
For entering Singapore, / please have your entry documents ready.
You should declare chewing gum / and all tobacco products on arrival.
Also, / smoking is permitted only in the designated smoking area in the terminal buildings of the airport.
Thank you.

실전연습 영어

(5) ARRIVAL INFORMATION : SIN - 영어

(방송실시시점 : 도착 20분 전)

Ladies and gentlemen,
[léidiz] [dʒéntlmən]

For entering Singapore, / please have your entry documents ready.
[éntər] [síŋgəpɔ́ːr] [éntri] [dákjumənt][rédi]

You should declare hewing gum and all tobacco products on arrival.
[diklέər] [hjuː] [gʌm] [təbǽkou][prádʌkt] [əráivəl]

Also, smoking is permitted only in the designated smoking area in the terminal
[smóukiŋ] [pərmít] [dézignèitid][smóukiŋ][έəriə] [tə́ːrmənl]

buildings of the airport.
[bíldiŋ] [áirpɔ̀rt]

Thank you.
[θæŋk]

(5) ARRIVAL INFORMATION : SIN - 일본어

(방송실시시점 : 도착 20분 전)

ご案内いたします。

シンガポールで お降りの お客様は / 入国 書類を ご注意ください。

なお、ガムや たばこを おもちのお客様は / 税関に 申告してください。

また 空港内では / SMOKING ROOM いがいでの 喫煙は /

ほうりつにより 禁じられておりますので / ご注意くださいませ。

실전연습 일본어

(5) ARRIVAL INFORMATION : SIN - 일본어

(방송실시시점 : 도착 20분 전)

ご案内いたします。
고안나이이타시마스.

シンガポールで お降りの お客様は / 入国 書類を ご注意ください。
싱가포-루데 오오리노 오캬쿠사마와 / 뉴우코쿠 쇼루이오 고츄우이쿠다사이.

なお、ガムや たばこを おもちのお客様は / 税関に 申告してください。
나오. 가무야 타바코오 오모치노오캬쿠사마와 / 제이칸니 싱코쿠시테쿠다사이.

また 空港内では / SMOKING ROOM いがいでの 喫煙は /
마타 쿠우코우나이데와 / 스모-킹구 루-무 이가이데노 키츠엥와 /

ほうりつにより 禁じられておりますので / ご注意くださいませ。
호우리츠니요리 킨지라레테오리마스노데 / 고츄우이쿠다사이마세.

(5) ARRIVAL INFORMATION : SIN - 중국어

(방송실시시점 : 도착 20분 전)

女士们, 先生们:
从新加坡下飞机的乘客, 请准备好入境所需要的证件。
按照航空公司规定, 吸烟的乘客, 请使用候机楼的吸烟室。
为了预防病虫害, 新加坡产的农、蓄、水产品, 不允许带进韩国。
感谢您的合作。

실전연습 중국어

(5) ARRIVAL INFORMATION : SIN - 중국어

(방송실시시점 : 도착 20분 전)

女士们, 先生们:
(뉘스먼, 시앤셩먼)
안내말씀 드리겠습니다.

从新加坡下飞机的乘客, 请准备好入境所需要的证件。
(총신자포 시아페이지더 청커, 칭 준배이 하오 루징 소우 쉬야오더 정지엔)
싱가포르에서 내리실 손님 여러분께서는 입국에 필요한 서류를 준비하셨는지 확인해 주시기 바랍니다.

按照航空公司规定, 吸烟的乘客, 请使用候机楼的吸烟室。
(안자오 항콩 공스 구이딩, 시엔더 청커, 칭 슬용 호우지로우더 시앤슬)
그리고 껌과 담배를 가지고 계신 분은 공항 청사 내 흡연실에서만 담배를 피우실 수 있도록 법에 규정되어 있으니 / 유의해 주십시오.

week 9주

为了预防病虫害，新加坡产的农、蓄、水产品，不允许带进韩国。
(웨이러 위팡 빙총하이, 신자포찬더 농, 쉬, 슈이찬핀, 부윈쉬 따이진 한궈)
병충해 예방을 위해 한국으로 돌아오실 때는 위와 같은 물품을 지니지 않도록 협조해 주시기 바랍니다.

感谢您的合作。
(간시에 닌더 허주어)
감사합니다.

(6) 동식물 검역 - 한국어

(방송실시시점 : ARRIVAL INFORMATION 안내방송 직후)

계속해서 안내말씀 드리겠습니다.

______공항에서는 동·식물, 식품류를 포함한 모든 농·축·수산물의 반입을 규제하고 있습니다.

위와 같은 항목의 물품을 휴대하신 분께서는 / 반드시 입국카드 (또는 세관신고서)에 기재하시기 바랍니다.

신고하지 않은 물품에 대해서는 / 벌금이 부과될 수 있음을 알려드립니다.

감사합니다.

실전연습 한국어

(6) 동식물 검역 - 한국어

(방송실시시점 : ARRIVAL INFORMATION 안내방송 직후)

계속해서 안내말씀 드리겠습니다.
[계:속해서] [안:내 말씀]

_____공항에서는 동·식물, 식품류를 포함한 모든 농·축·수산물의 반입을 규제하고
[목적지] [동·식물, 식품류] [모:든] [에] [규:제]

있습니다.

위 항목의 물품을 휴대하신 분께서는 / 반드시 입국카드 (또는 세관신고서)에
[위- 항목에] [물:품] [휴대하신 분:께서는] [반:드시] [입:꾹카-드] [세:관신고서]

기재하시기 바랍니다.
[기:재]

신고하지 않은 물품에 대해서는 / 벌금이 부과될 수 있음을 알려드립니다.
[신:고] [물:품] [벌:금] [부:과]

감사합니다.
[감:사합니다]

(6) 동식물 검역 - 영어

(방송실시시점 : ARRIVAL INFORMATION 안내방송 직후)

Ladies and gentlemen,
Due to quarantine regulations / passengers carrying meats, plants, fruits or any other food items must declare those items on the arrival card (customs form).
Travelers who do not declare agricultural items / will be fined.
Thank you.

실전연습 영어

(6) 동식물 검역 - 영어

(방송실시시점 : ARRIVAL INFORMATION 안내방송 직후)

Ladies and gentlemen,
[léidiz] [dʒéntlmən]

Due to quarantine regulations / passengers carrying meats, plants,
[dju:] [kwɔ́:rənti:n][règjuléiʃən] [pǽsəndʒər] [kǽriiŋ] [mi:t] [plænt]

fruits or any other food items must declare those items on the arrival
[fru:t] [fu:d][áitəm] [diklɛ́ər][ðóuz] [áitəm] [əráivəl]

card (customs form).
[ka:rd][kʌstəm] [fɔ:rm]

Travelers who do not declare agricultural items will be fined.
[trǽvələr] [diklɛ́ər][æ̀grikʌ́ltʃərəl] [áitəm] [fain]

Thank you.
[θæŋk]

(6) 동식물 검역 - 일본어

(방송실시시점 : ARRIVAL INFORMATION 안내방송 직후)

ご案内いたします。

______空港では / 食品類の 持ちこみが 厳しく 制限されております。

植物、肉類を お持ちのお客様は / 入国カード (税関 申告書)

にかならず申告してください。

실전연습 일본어

(6) 동식물 검역 - 일본어

(방송실시시점 : ARRIVAL INFORMATION 안내방송 직후)

ご案内いたします。

고안나이이타시마스.

______空港では / 食品類の 持ちこみが 厳しく 制限されております。

______쿠우코우데와 / 쇼쿠힌루이노 모치코미가 키비시쿠 세이겐사레테오리마스.

植物、 肉類を お持ちのお客様は / 入国カード (税関 申告書)

쇼쿠부츠, 니끄루이오 오모치노오캬쿠사마와 / 뉴우코쿠카-도 (제이칸 신코쿠쇼)

にかならず申告してください。

니카나라즈싱코쿠시테쿠다사이.

(6) 동식물 검역 - 중국어

(방송실시시점 : ARRIVAL INFORMATION 안내방송 직후)

亲爱的乘客朋友们, 你们好。

______机场禁止携带包括动植物食品类的农蓄水产品。

携带以上产品的乘客, 请主动在入境登记卡(或海关申报单)上申报, 否则将会被处以罚款。

실전연습 중국어

(6) 동식물 검역 - 중국어

(방송실시시점 : ARRIVAL INFORMATION 안내방송 직후)

亲爱的乘客朋友们, 你们好。
(친아이더 청커 펑요먼, 니먼하오)

______机场禁止携带包括动植物食品类的农蓄水产品。
(______지창진즐 시에따이 빠오쿠어 동즈우 슬핀레이더 논쉬쉬에이 찬핀)

携带以上产品的乘客, 请主动在入境登记卡(或海关申报单)上申报, 否则将会被处以罚款。
(시에따이 이샹 찬핀더 청커, 칭 주동 짜이 루징덩지카(후어 하이관 선바오단)상 선바오, 포우저쟝후이 빼이 우이 파콴)

(7) APPROACHING - 한국어

(방송실시시점 : 20,000 FT SIGNAL 직후)

손님 여러분,

이 비행기는 약 ______분 후에 ______공항에 / 도착하겠습니다.

저희 승무원들의 착륙준비에 협조해 주시기 바랍니다.

감사합니다.

실전연습 한국어

(7) APPROACHING - 한국어

(방송실시시점 : 20,000 FT SIGNAL 직후)

손님 여러분,
[손:님 여러븐]

이 비행기는 약 ______분 후에 ______공항에 / 도착하겠습니다.
[약:] [분 후:에] [공:항] [도:착]

저희 승무원들의 착륙준비에 협조해 주시기 바랍니다.
[들에] [창:뉵] [협:쪼]

감사합니다.
[감:사함니다]

(7) APPROACHING - 영어

(방송실시시점 : 20,000 FT SIGNAL 직후)

Ladies and gentlemen,

We are approaching _____airport

We will be preparing for the landing.

Your cooperation will be appreciated.

Thank you.

실전연습 영어

(7) APPROACHING - 영어

(방송실시시점 : 20,000 FT SIGNAL 직후)

Ladies and gentlemen,
[léidiz] [dʒéntlmən]

We are approaching _____airport.
[əpróutʃ]

We will be preparing for the landing.
[pripέər] [lǽndiŋ]

Your cooperation will be appreciated.
[kouàpəréiʃən] [əprí:ʃièit]

Thank you.
[θæŋk]

(7) APPROACHING - 일본어

(방송실시시점 : 20,000 FT SIGNAL 직후)

皆様、

まもなく_______(国際) 空港に 到着いたします。

乗務員の 着陸 準備に / どうぞ ご協力くださいませ。

실전연습 일본어

(7) APPROACHING - 일본어

(방송실시시점 : 20,000 FT SIGNAL 직후)

皆様、
미나사마.

まもなく______ (国際) 空港に 到着いたします。
마모나쿠________ (코쿠사이) 쿠우코우니 토우챠쿠이타시마스.

乗務員の 着陸 準備に / どうぞ ご協力くださいませ。
죠우무인노 챠쿠리쿠 쥰비니 / 도우죠 고쿄우료쿠쿠다사이마세.

(7) APPROACHING - 중국어

(방송실시시점 : 20,000 FT SIGNAL 직후)

女士们, 先生们。

我们的飞机将在____分钟后到达____机场。

请您配合我们乘务员的工作。谢谢。

실전연습 중국어

(7) APPROACHING - 중국어

(방송실시시점 : 20,000 FT SIGNAL 직후)

女士们, 先生们,
(뉘쓰먼, 쌘성먼,)
승객여러분,

我们的飞机将在 ______分钟后到达 ______机场。
(워먼더 [f]페이지 짱 짜이 ______[f]펀중 허우 또다 ______찌창.)
이 비행기는 약 ______분 후에 ______공항에 도착하겠습니다.

请您配合我们乘务员的工作。谢谢。
(칭닌 페허 워먼 청우왠더 꿍쥐.셰셰.)
저희 승무원들의 착륙준비에 협조해 주시기 바랍니다. 감사합니다.

(8) LANDING - 한국어

(방송실시시점 : 10,000 FT SIGNAL 직후)

손님 여러분,
이 비행기는 곧 착륙하겠습니다.
꺼내 놓으신 짐들은 / 선반 속과 앞좌석 밑에 보관해 주시고,
등받이와 발 받침대, 테이블을 제자리로 해 주십시오.
또한 좌석벨트를 매셨는지 확인해 주시고, 지금부터 모든 전자기기의 사용을 삼가시기 바랍니다.
감사합니다.

실전연습 한국어

(8) LANDING - 한국어

(방송실시시점 : 10,000 FT SIGNAL 직후)

손님 여러분,
[손:님 여러븐],

이 비행기는 곧 착륙하겠습니다.
[착:륙]

꺼내 놓으신 짐들은 / 선반 속과 앞좌석 밑에 보관해 주시고, 등받이와 발 받침대,
[꺼:내] [짐:들은] / [선:반] [좌:석 미테] [보:관] [등바지와] [발 바침때],

테이블을 제자리로 해 주십시오.
[제:자리로] [해 주십:쇼]

또한 / 좌석벨트를 매셨는지 확인해 주시고, 지금부터 모든 전자기기의 사용을
[좌:석벨트] [매:셨는지] [화긴해] [지:금부터–] [전:자기기에]

삼가시기 바랍니다.
[삼:가시기]

감사합니다.
[감:사함니다]

(8) LANDING - 영어

(방송실시시점 : 10,000 FT SIGNAL 직후)

Ladies and gentleman,
Please stow your carry-on baggage / and return your seatback, (foot rest), and tray table / to the upright position.
Also please check / that your seatbelt is fastened / and discontinue the use of all electronic devices / until the aircraft is parked at the gate.
Thank you for your cooperation.

실전연습 영어

(8) LANDING - 영어

(방송실시시점 : 10,000 FT SIGNAL 직후)

Ladies and gentlemen,
[léidiz] [dʒéntlmən]

Please stow your carry-on baggage and return your seat back, (foot rest), and
[stou] [kǽri] [bǽgidʒ] [ritə́ːrn] [siːt][bæk] [fut][rest]

tray table / to the upright position.
[trei][téibl] [ʌpràit] [pəzíʃən]

Also please check that your seatbelt is fastened and discontinue the use of all
[ʧek] [fǽsnːsən] [dìskəntínjuː]

electronic devices until the aircraft is parked at the gate.
[ilektránik] [diváis] [áircràft] [paːrk][ət;][ðə][geit]

Thank you for your cooperation.
[θæŋk] [kouàpəréiʃən]

(8) LANDING - 일본어

(방송실시시점 : 10,000 FT SIGNAL 직후)

皆様、

この飛行機は まもなく 着陸いたします。

皆様の 安全のため / お荷物は、上のたな / または、

お座席の 下に おおきください。
また、シートベルトを おしめになり /

お座席（FOOT REST）と テーブルは /

もとのいちに おもどしください。

これより / gateに到着するまで すべての電子機器は

おつかいになれません。どうぞ ごきょうりょくくださいませ。

실전연습 일본어

(8) LANDING - 일본어

(방송실시시점 : 10,000 FT SIGNAL 직후)

皆様、
미나사마.

この飛行機は まもなく 着陸いたします。
코노히코우키와 마모나쿠 차쿠리쿠이타시마스.

皆様の 安全のため / お荷物は、上のたな / または、
미나사마노 안젠노타메 / 오니모츠와, 우에노타나 / 마타와,

お座席の 下に おおきください。
오자세키노 시타니 오오키쿠다사이.

また、シートベルトを おしめになり /
마타, 시-토베루토오 오시메니나리 /

お座席 (FOOT REST) と テーブルは /
오자세키 (훗토 레스토) 토 테-브루와 /

もとのいちに おもどしください。
모토노이치니 오모도시쿠다사이.

これより / gateに到着するまで すべての電子機器は
코레요리 / 게-토니토우차쿠스루마데 스베테노덴시키키와

おつかいになれません。どうぞ ごきょうりょくくださいませ。
오츠카이니나레마셍. 도우죠 고쿄우료쿠쿠다사이마세.

(8) LANDING - 중국어

(방송실시시점 : 10,000 FT SIGNAL 직후)

女士们, 先生们,

我们的飞机将要下降。

请把您的行李放在行李架内或前方座位下方。

收起小桌板, 座椅靠背调整到正常位置。

请您再次确认您的安全带。

所有电脑及电子设备必须处于关闭状态。

谢谢合作。

실전연습 중국어

(8) LANDING - 중국어

(방송실시시점 : 10,000 FT SIGNAL 직후)

女士们, 先生们,
(뉘쓰먼, 쌘성먼,)
승객 여러분,

我们的飞机将要下降。
(워먼더 [f]페이지 쟝요 샤쟝.)
이 비행기는 곧 착륙하겠습니다.

请把您的行李放在行李架内或前方座位下方。
칭바 닌더 싱리 [f]팡자이 싱리쟈네 훠 챈[f]팡쥐웨 샤[f]팡.)
꺼내 놓으신 짐들은 선반 속과 앞좌석 밑에 보관해 주시고,

收起小桌板, 座椅靠背调整到正常位置。
(서우치 쇼줘반, 줘이코베툐정또 쩡창웨즈.)
등받이와 테이블을 제자리로 해주십시오.

请您再次确认您的安全带。
(칭닌 짜이츠 췌런닌더 안챈따이.)
또한 좌석벨트를 매셨는지 확인해 주시고,

所有电脑及电子设备必须处于关闭状态。
(쉬유 땐노 지 땐즈 써베 삐쉬 추위 꽌비 좡타이.)
지금부터 모든 전자기기의 사용을 삼가시기 바랍니다.

谢谢合作。
(셰셰허줘.)
감사합니다.

제4장 착륙 후 기내방송 (한국어 / 영어 / 일본어 / 중국어)

(1) 국가별 현지어 인사멘트

국가명	시간대	인사말
CHINA	아침	早上好 (쪼상호)
	오전	上午好 (쌍우호)
	오후	下午好 (쌰우호)
JAPAN	아침	おはようございます (오하요-고자이마스)
	오전	こんにちは (콘니치와)
	오후	こんばんは (콤방와)
MIDDLE EAST	아침	السلام عليكم (앗쌀라아무 알라이쿰)
	오전	아침인사 (싸바 할 케이르), 점심인사 (마싸 알 케이르),
	오후	저녁인사 (티쓰바흐 알라 케이르)
FRANCE	아침~점심	Bon jour (봉주르)
	저녁	Bon soir (봉수와)
ITALY	오전, 오후	Buon giorno (본조르노) (Buon는 부온을 축약해서 발음)
	저녁	Buona sera (부오나 세라)
GERMANY	오전	Guten morgen (구텐 모르겐)
	오후	Guten tag (구텐 탁)
	일몰 후	Guten abend (구텐 아벤트)
HAWAII	-	Aloha (알로하)

(2) DELAY 시 상황별 안내멘트

DELAY 상황별 안내멘트(한-영-일-중)

한국어	영어	일본어	중국어
날씨가 좋지 않은	Bad weather [bæd][wéðər]	悪天候の ため 아쿠텡코우노 타메	恶劣的天气 (어리에더 티엔치)
기상조건	Weather conditions [wéðər] [kəndíʃən]	天候の 関係で 텡코우노 캉케이데	天气条件 (티엔치 쟝콱)
공항의 짙은 안개	Dense fog at [dens][fɔːg][ət] airport [áir·pòrt]	この 空港の こいきりのため 코노 쿠우코우노 코이키리노타메	机场的浓雾 (지창더 농우)
활주로의 제설 작업	Snow being removed [sno] [bíːiŋ] [rimúːvd] from the runway [frəm][ðə][rʌnwèi]	かっそうろの じょせつ のため 캇소우로노 죠세츠 노타메	跑道上的扫雪工作 (파오따오 상더 사오 슈에 공쥬어)
출국장의 혼잡으로	Congestion of the [kəndʒésʧən] [ðə] immigration area [ìməgréiʃən][éəriə]	空港terminalの こんざつのため 쿠우코우타-미나루노 콘자츠노타메	由于移民区的拥挤 (요우위 추징취더 용지)

(3) FAREWELL : GENERAL - 한국어

(방송실시시점 : 착륙 후 엔진 REVERSE 소음이 감소한 후)

손님 여러분,

이 비행기는 도시명에 도착했습니다.

지금 이곳 시간은 / 오전(오후) ______시 ______분입니다.

여러분의 안전을 위해 비행기가 완전히 멈춘 후,

좌석벨트 사인이 꺼질 때까지 / 잠시만 자리에서 기다려 주시기 바랍니다.

선반을 여실 때는 / 안에 있는 물건이 떨어지지 않도록 조심해 주시고,

잊으신 물건이 없는지 / 다시 한번 살펴주십시오.

감사합니다. 안녕히 가십시오.

실전연습 한국어

(3) FAREWELL : GENERAL - 한국어

(방송실시시점 : 착륙 후 엔진 REVERSE 소음이 감소한 후)

손님 여러분,
[손:님 여러븐]

이 비행기는 도시명에 도착했습니다.

[도시별 특성문안]

15분 이상 Delay	[당사 귀책] 도착이 예정시간보다 늦어 / 대단히 죄송합니다. [도:착] [예:정] [죄:송]
	____관계로 / 도착이 예정시간보다 늦어진 점을 / 양해해 주시기 사유 [도:착] [예:정] [양:애해] 바랍니다.

지금 이곳 시간은 / 오전(오후) _____시 _____분입니다.
[시간은-] [오:전][오:후] 시간을 천천히 또박또박

여러분의 안전을 위해 비행기가 완전히 멈춘 후, 좌석벨트 사인이 꺼질 때까지 /
[여러븐에] [안:전] [완:전히-][멈:춘 후-] [좌:석벨트] [싸인] [꺼:질]

잠시만 자리에서 기다려 주시기 바랍니다.
[잠:시만]

선반을 여실 때는 / 안에 있는 물건이 떨어지지 않도록 조심해 주시고, 잊으신
[선:반] [때에는] [안:에] [물:건이] [떠러지지] [조:심해] [이즈신]

물건이 없는지 / 다시한번 살펴주십시오.
[물:건] [없:는지] [살:펴 주십-쇼]

감사합니다. 안녕히 가십시오.
[감:사합니다] [가십-쇼]

(3) FAREWELL : GENERAL - 영어

(방송실시시점 : 착륙 후 엔진 REVERSE 소음이 감소한 후)

Ladies and gentleman,
We have landed / at ______ (Int'l) airport.

15분 이상 Delay	[당사 귀책] We are sorry for the delay.
	Today, we are delayed due to ______

The local time is (_____:_____) in the morning (afternoon / evening).
For your safety, please remain seated / until the seatbelt sign is turned off.
When you open the overhead bins, please be careful as the contents may fall out.
And also please have all your belongings with you when you deplane.
Thank you for flying ______ Air.
We hope to see you again soon on your next trip.
감사합니다.

실전연습 영어

(3) FAREWELL : GENERAL - 영어

(방송실시시점 : 착륙 후 엔진 REVERSE 소음이 감소한 후)

Ladies and gentlemen,
[léidiz] [dʒéntlmən]

We have landed at ______ (Int'l) airport.
[lǽndid] [áirpòrt]

15분 이상 Delay	[당사 귀책] We are sorry for the delay.
	Today, we are delayed due to ______.

The local time is (______:______) in the morning (afternoon / evening).
[lóukəl][taim] [mɔ́:rniŋ] [àfternóon] [í:vniŋ]

For your safety, please remain seated / until the seatbelt sign is turned off.
[séifti] [riméin][sí:tid] [əntíl] [sain] [tə:rnd][ɔ:f]

When you open the overhead bins, please be careful as the contents may fall out.
[óverhéad][bin] [bi:][kέərfəl] [kάntent] [fɔ:l][aut]

And also please have all your belongings with you when you deplane.
[bilɔ́:ŋiŋ] [di:pléin]

Thank you for flying ______ Air.
[fláiiŋ]

We hope to see you again soon on your next trip.
[houp] [əgéin] [nekst][trip]

감사합니다.

(3) FAREWELL : GENERAL - 일본어

(방송실시시점 : 착륙 후 엔진 REVERSE 소음이 감소한 후)

皆様、この飛行機は / ただいま / (こくさい) くうこうに 到着いたしました。

本日は / 気流の 関係で 飛行機が ゆれ / ごふべんを

おかけいたしましたことを おわびもうしあげます。

本日は (※) / ______空港に りんじ着陸し、到着が

(おおはばに) おくれましたことを おわびもうしあげます。

現地時間は / 午前 (午後) ______時______分でございます。

シートベルト 着用の サインが 消えますまで /

いましばらく お座席にて お待ちくださいませ。

また / 上のたなを おあけになるさいには

荷物がすべり出ることが ございますので / ご注意くださいませ。

お降りの 際は / おわすれもののないよう / お確かめくださいませ。

皆様、今日も ______ AIRを

ご利用くださいまして / ありがとうございました。
また、近いうちに / 皆様と おめにかかれますよう /

乗務員いちどう おまちいたしております。

ご搭乗 ありがとうございました。

실전연습 일본어

(3) FAREWELL : GENERAL - 일본어

(방송실시시점 : 착륙 후 엔진 REVERSE 소음이 감소한 후)

皆様、この飛行機は / ただいま / (こくさい) くうこうに 到着いたしました。
미나사마, 코노히코우키와 / 타다이마 / (곡사이) 쿠우코우니 토우차쿠이타시마시타.

本日は / 気流の 関係で 飛行機が ゆれ / ごふべんを
혼지츠와 / 키류우노 캉케이데 히코우키가 유레 / 고후벵오

おかけいたしましたことを おわびもうしあげます。
오카케이타시마시타코토오 오와비모우시아게마스.

本日は (※) / ______空港に りんじ着陸し、到着が
혼지츠와 (※) / ______쿠우코우니 린지차쿠리쿠시, 토우차쿠가

(おおはばに) おくれましたことを おわびもうしあげます。
(오-하바니) 오쿠레마시타코토오 오와비모우시아게마스.

現地時間は / 午前 (午後) ______時______分でございます。
겐치지캉와 / 고젠 (고고) ________지________훙(뿡)데고자이마스.

シートベルト 着用の サインが 消えますまで /
시-토베루토 챠쿠요우노 사인가 키에마스마데 /

いましばらく お座席にて お待ちくださいませ。
이마시바라쿠 오자세키니테 오마치쿠다사이마세.

また / 上のたなを おあけになるさいには
마타 / 우에노타나오 오아케니나루사이니와

荷物がすべり出ることが ございますので / ご注意くださいませ。
니모츠가스베리데루코토가 고자이마스노데 / 고츄우이쿠다사이마세.

お降りの 際は / おわすれもののないよう / お確かめくださいませ。
오오리노 사이와 / 오와스레모노노나이요우 / 오타시카메쿠다사이마세.

皆様、今日も SKYTEAMの ________ AIRを
미나사마, 쿄우모 스카이치-무노 ________ 에아오

ご利用くださいまして / ありがとうございました。
고리요우쿠다사이마시테 / 아리가또-고자이마시타.

また、近いうちに / 皆様と おめにかかれますよう /
마타, 치카이우치니 / 미나사마토 오메니카카레마스요우 /

乗務員いちどう おまちいたしております。
죠우무잉이치도우 오마치이타시테오리마스.

ご搭乗 ありがとうございました。
고토우죠우 아리가또-고자이마시타.

(3) FAREWELL : GENERAL - 중국어

(방송실시시점 : 착륙 후 엔진 REVERSE 소음이 감소한 후)

女士们, 先生们,

我们的飞机以到达 ______机场。

15분 이상 DELAY

[당사 귀책사유인 경우]

我们的飞机将要延误几分钟, 对您造成的不便敬请谅解。

[당사 귀책사유가 아닌 경우]

由 ______ 我们的飞机将要延误几分钟, 对您造成的不便请谅解。

现在此地的时间为 ______时 ______分。

飞机正在滑行,为了您的安全,请您 请您系好安全带 。

等飞机完全停稳后, 再解开安全带。从行李架里取行李时, 请注意安全。

以免行李滑落。请您再次确认一下是否带齐了您的随身物品。谢谢。

感谢您选择 ______航空公司班机!下次路途再见 !

실전연습 중국어

(3) FAREWELL : GENERAL - 중국어

(방송실시시점 : 착륙 후 엔진 REVERSE 소음이 감소한 후)

女士们，先生们，

(뉘쓰먼, 쌘성먼,)

손님 여러분,

我们的飞机以到达______机场。

(워먼더 [f]페이지 이 또다 ______찌창.)

이 비행기는 ______에 도착했습니다.

[15분 이상 DELAY 당사 귀책]

我们的飞机将要延误几分钟，对您造成的不便请谅解。

(워먼더 [f]페이지 쟝요 얜우 지[f]펀중, 뙤닌 쪼청 부뺀 칭닌 량졔.)

도착이 예정시간보다 늦어 죄송합니다.

[15분 이상 DELAY]

由______ 我们的飞机将要延误几分钟，对您造成的不便敬请谅解。

(유______ 워먼더 [f]페이지 쟝요 얜우 지[f]펀중, 뙤닌 쪼청 부뺀 칭닌 량졔.)

______의 관계로 도착이 예정시간보다 늦어진 점 양해해 주시기 바랍니다.

week 10 주

现在此地的时间为 _____时_____分。

(샌자이 츠띠더 스잰 웨이 _____스_____[f]펀)

지금 이곳 시간은 _____시_____분입니다.

飞机正在滑行,为了您的安全,请您系好安全带。 等飞机完全停稳后, 再解开安全带。

([f]페이지 정짜이 화싱, 웨러닌더 안챈, 칭닌찌호 안챈따이. 떵 [f]페이지 완챈 팅원 허우, 짜이제카이 안챈따이.)

여러분의 안전을 위해 비행기가 완전히 멈춘 후, 좌석벨트 사인이 꺼질 때까지 잠시만 자리에서 기다려 주시기 바랍니다.

从行李架里取行李时, 请注意安全。 以免行李滑落。

(충싱리쟈리 취싱리스, 칭쭈이안챈. 이맨 싱리화뤄.)

선반을 여실 때는 안에 있는 물건이 떨어지지 않도록 조심해 주시고

请您再次确认一下是否带齐了您的随身物品。 谢谢。

(칭닌 짜이츠 췌런이샤 스[f]퍼우 따이치 닌더 쉐선 우핀, 셰셰.)

잊으신 물건이 없는지 다시 한번 살펴주십시오.

感谢您选择_____航空公司班机! 下次路途再见 !

(깐셰 닌 쇈저 _____항쿵궁스 빤항! 샤츠 루투 짜이잰!)

저희 _____항공과 늘 함께 해주시는 손님 여러분 감사합니다. 안녕히 가십시오.

PART IV

다양한 항공사별 방송문

1. CATHAY PACIFIC AIRLINES 예문
2. QATAR AIRWAYS 예문
3. MALAYSIA AIRLINES 예문
4. T'WAY AIR 예문

제 1 장 CATHAY PACIFIC AIRLINES 예문

(1) WELCOME 방송예문

Ladies and gentlemen,

welcome aboard ***Airline Flight ______ bound for ______.

Today's flight time will be about ______hours following take-off.

The captain of the flight is (FULL NAME) and

this is your flight attendant (FULL NAME).

Now, please make sure that your seat back is in the upright position,

your tray table is closed and your seatbelt is fastened.

And we recommend that you continue to fasten your seatbelt while

seated during the flight.

Also, refrain from using any electronic devices during take-off and landing

for safety reasons.

Your cooperation will be much appreciated.

If there is anything we can do for you, please let us know.

We wish you a pleasant flight. Thank you.

(2) SAFETY VIDEO 상영 방송예문

In a few moments,

We'll be showing a safety video about this aircraft.

You'll also find a safety instruction card in your seat pocket in front of you.

We require that you give us your careful attention.

(3) TURBULENCE 안내 방송예문

May I have your attention, please?

The captain has requested that you fasten your seatbelts and secure the trays in front of you.

Place your seats in an upright position.

We will be going through some turbulence during the next few minutes.

Our attendants will come around to collect all drinks.

(4) 입국서류안내 방송예문

Ladies and gentlemen,

we will be distributing arrival cards and Customs and Quarantine declarations for ______.

All passengers are kindly required to complete the Questionnaire on Quarantine accurately in particular the questions relation to an address in ______ and submit it to the Quarantine Authorities.

If there are any questions, please feel free to contact one of our cabin crew.

Thank you.

(5) LANDING 방송예문

Ladies and gentlemen,
We'll be landing shortly.
At this stage, you should be in your seat
with your seatbelt firmly fastened.
Personal television screens, footrests and seat tables
must be stowed and all hand luggage should be stored either in the
overhead bins or under the seat in front.
Make sure all electronic devices including laptop computers and
computer games are turned off.
Thank you.

(6) FAREWELL 방송예문

Ladies and gentlemen,
We have just landed at ______.
The local time is ______ in the morning (in the afternoon, in evening)
and the temperature ______ degrees Celsius, ______ degrees Fahrenheit.
For your safety, please stay in your seat until the aircraft has come
to a complete stop, and the seatbelt sign is turned off.
Before you leave the aircraft, please check that you have all your hand
luggage with you, and make sure that nothing is left in the seat-pocket
or under your seat.
Please take care when opening the overhead compartments
as the contents may have moved during the flight.

We hope you have enjoyed your flight, and we look forward to seeing you again soon.
Thank you for flying ______Air.

[TIPS]
DELAY 시 참고 예문 (당사 귀책사유가 아닌 경우)

1. 아직 탑승하지 않은 승객 : a passenger who hasn't been on board yet
2. 소속이 밝혀지지 않은 가방을 발견 : Unidentified baggage on board
3. 기상조건 : Weather conditions
4. 활주로 혼잡 : Traffic on the runway
5. 기체결함 : Mechanical problems
6. 연결항공편 지연 : delay of the connecting flights

제2장 QATAR AIRWAYS 예문

(1) WELCOME ANNOUNCEMENT 방송예문

Good morning (afternoon / evening) Ladies and Gentlemen.
On behalf of Qatar Airways, the oneworld Alliance,
Captain ______ and his crew, we welcome you on board
Qatar Airways flight ______ to (destination) ______.
We would like to extend a special welcome to our Privilege Club members and oneworld frequent flyers onboard.
Privilege club is Qatar Airways award-winning frequent flyer programme.
To enroll, please contact your cabin crew.
Ladies and gentlemen, we are pleased to inform you that this aircraft is equipped with On Air mobile services.
You may send or receive messages thru the On Air mobile services.
The facility will be switched on after take off.
May we remind you to have your mobile phones switched to
"Flight Safe" mode once the aircraft commences movement on ground, during take off and for landing.
Please be reminded that this is a non-smoking flight and the use of electronic

cigarettes is not permitted.
As we consider your safety to be of the utmost importance could you please give your attention to the safety video being screened.
Thank you.

(1) WELCOME ANNOUNCEMENT 방송예문 (한국인 현지승무원)

승객 여러분 안녕하십니까.
카타르항공과 one world Alliance 그리고 기장 ______와
저희 승무원 일동은 _____로 향하는 카타르항공 QR_____편에 탑승하신 승객 여러분을 환영합니다.
특히 카타르 항공의 마일리지 프로그램이며, 수상경력을 자랑하는 저희 privilege club 회원 분들과 one world alliance 회원 분들을 다시 뵙게 되어 반갑습니다.
저희 privilege club 가입을 원하시는 분들께서는 승무원에게 문의하여 주시기 바랍니다.
카타르항공은 전 구간 금연을 원칙으로 하고 있으며, ______에 도착하실 때까지 전자담배의 사용 또한 엄격히 금지되어 있음을 양지하여 주시기 바랍니다.
또한 저희 비행기가 움직이는 동안 그리고 이착륙 중에는 승객 여러분의 휴대전화를 비행기 모드(에어플레인 모드)로 설정해 주시기 바랍니다.
저희는 언제나 승객 여러분의 안전을 최우선으로 하고 있습니다.
잠시 후, 비행기 안전 수칙을 설명하는 비디오를 시작하겠으니, 스크린을 참조해 주시기 바랍니다.
감사합니다.

(2) AFTER TAKE OFF 방송예문

Ladies and Gentlemen, the seatbelt sign will be switched off shortly.

For your own safety we recommend that you keep your seatbelt loosely fastened in case of any unexpected turbulence.

Please be reminded that this is a non-smoking flight and the use of electronic cigarettes is strictly prohibited.

My name is _____ and I am your Cabin Services Director (or Cabin Senior) for this flight.

My crew and I will be happy to offer any assistance you may require throughout the flight.

We will be shortly serving you Breakfast (Lunch / Dinner).

(2) AFTER TAKE OFF 방송예문 (한국인 현지승무원)

승객 여러분, 잠시 후 좌석벨트 착용 표시등이 꺼질 예정이오나, 예상치 못한 난기류 지역을 통과할 때를 대비하여 자리에 앉아 계실 동안에는 좌석벨트를 착용해 주십시오.

저희 카타르항공은 전 구간 금연을 원칙으로 하고 있으며, 아울러 전자담배의 사용 또한 엄격히 금지되어 있음을 양지해 주시기 바랍니다.

오늘 저희 비행기의 사무장은 _____이며, 이코노미 클래스를 담당하고 있는 부사무장은 _____입니다.

저희 승무원 일동은 승객 여러분의 편안하고 즐거운 여행을 위해 최선을 다하겠습니다.

잠시 후 아침(점심 / 저녁) 식사 서비스가 제공될 예정입니다.

(3) DUTY FREE ANNOUNCEMENT 방송예문

Ladies and Gentlemen,

It is our pleasure to offer you the opportunity to purchase Duty Free on today's flight.

Our In-Flight Duty Free Boutique offers a wide range of duty free products which include an exclusive selection of male and female fragrances, gift items, jewelry and more.

We invite you to browse through our In-Flight Duty Free Boutique catalogue which is available in your seat pocket.

Let ______Airways offer you a Shopping Extravaganza from the comfort of your seat.

You may place your order with any of the Crew members and we will deliver it to you at the comfort of your seat.

Happy Shopping. Thank you.

(3) DUTY FREE ANNOUNCEMENT 방송예문 (한국인 현지승무원)

승객 여러분,

오늘 저희 기내에서는 다양하고 품격있는 면세품을 준비하고 있습니다.

저희 기내 면세 부티크에서는 카타르항공에서만 만나실 수 있는 향수, 기념품, 쥬얼리 등의 면세품을 판매하고 있습니다.

자세한 사항은 좌석 앞 기내 면세 부티크 책자를 참고해 주시고, 가까운 승무원에게 문의하여 주시기 바랍니다.

즐거운 쇼핑을 하시기 바랍니다.

감사합니다.

(4) PRE - LANDING ANNOUNCEMENT 방송예문

(PREPARING THE CABIN FOR ARRIVAL–Blanket Collection)

Ladies and Gentlemen, in preparation for our arrival into ______,

we shall now be collecting the headsets and blankets.

May we also remind you to complete the Customs and Immigration forms

to facilitate your entry into (destination).

(4) PRE - LANDING ANNOUNCEMENT 방송예문 (한국인 현지승무원)

(PREPARING THE CABIN FOR ARRIVAL–Blanket Collection)

승객 여러분께 안내말씀 드리겠습니다.

잠시 후 인천 / (도하) 국제공항에 도착하기에 앞서 사용하셨던 담요를

수거하도록 하겠습니다.

승객 여러분의 많은 협조 부탁드리겠습니다.

감사합니다.

(5) SEATBELT SIGN ON 방송예문

Ladies and gentlemen,

As we have started our descent into (destination) _____ and the seatbelt sign has been switched on.

Please return to your seats, fasten your seatbelts, stow your tray-tables and keep your seat back upright.

Please ensure your hand luggage is securely stowed in the overhead bins or under the seat in front of you.

Thank you.

(5) SEATBELT SIGN ON 방송예문 (한국인 현지승무원)

승객 여러분께 안내말씀 드리겠습니다.

저희 비행기는 잠시 후 인천 / (도하) 국제공항에 도착하기에 앞서 좌석벨트 착용 표시등이 켜졌습니다.

승객 여러분께서는 자리로 돌아가셔서 좌석벨트를 매 주시고, 의자와 테이블을 제자리로 해 주십시오.

가지고 계시는 짐은 선반이나 앞 의자 밑에 보관하여 주십시오.

승객 여러분의 협조에 감사드립니다.

(6) AFTER LANDING : DOHA 방송예문

(AFTER TOUCH DOWN-to be read only when aircraft has turned off the active runway)

Ladies and Gentlemen, welcome to Doha,

The state of Qatar.

We have just landed at Hamad International Airport the 5 star gateway to Qatar, the Gulf and the rest of the world.

The local time is ______ and the outside temperatureis ______.

For your safety, please remain seated with your seatbelt fastened, until the aircraft has come to a complete stop and the seatbelt sign has been switched off.

Before leaving the aircraft, please ensure that you have all your personal belongings with you.

If you are transferring to an onward connection and have already been issued with a boarding pass, please check the flight information screens available inside the terminal to confirm your departure gate.

If you do not have an onward boarding pass or require assistance with your connecting flight, please follow the signs to the transfer desk.

If Doha is your final destination please proceed to the arrivals area to complete immigration formalities and collect your baggage.

Our ground staff are readily available to assist you if required.

Qatar Airways' Preferred Hotelin Doha is the Oryx Rotana Hotel.

Please be informed that it is now safe to use your mobile phones if you wish to do so.

Onbehalf of Qatar Airways, the one world Alliance, Captain ______ and the crew, we hope you have enjoyed our award winning hospitality, it has been our pleasure having you on board.

We hope you will include Qatar Airways as part of your future travel plans to any of our over hundred destinations worldwide.

If Doha is home for you, we welcome you home.

If you are visiting the State of Qatar, may your visit be an enjoyable one &

if you are connecting to another destination, we wish you a safe and pleasant onward journey.
Thank you for flying Qatar Airways.

(7) AFTER LANDING : DOHA 방송예문 (한국이 현지승무원)

승객 여러분, 카타르 도하에 오신 것을 환영합니다.
저희는 지금 중동 그리고 전세계를 이어 주는 5성급 공항, 카타르의 하마드 국제 공항에 도착하였습니다.
현지 시간은 ______시 ______분이며, 외부 기온은 영상 ______도 입니다.
승객 여러분의 안전을 위해, 비행기가 완전히 멈출 때까지 자리에서 좌석벨트 착용을 유지해 주십시오. 또한 내리실 때에는 두고 내리시는 물건이 없는지 다시 한 번 확인해 주시기 바랍니다.
최종 목적지까지의 탑승권을 가지고 계신 분들은 터미널 내의 안내 스크린에서 출발 탑승구를 확인하여 주시기 바랍니다.
최종 목적지까지의 탑승권이 필요하신 분들은 환승 안내 데스크를 방문하여 주십시오.
도하가 최종 목적지이신 분들은 수하물을 찾으셔서 입국, 세관 심사를 이용하여 주시기 바랍니다.
도움이 필요하신 분들은 저희 지상직원들에게 문의하여 주십시오.
카타르 항공사의 제휴 호텔은 ______호텔입니다.
승객 여러분들께 지금부터 휴대전화 사용이 가능함을 알려 드립니다.
카타르항공과 oneworld Alliance 그리고 공동 운항사인 아시아나항공을 대신하여, 기장 _____와 저희 일동은, 오늘 승객 여러분의 여정이 수상 경력을 자랑하는 카타르항공의 서비스와 함께 편안하고 즐거우셨기를 바랍니다.
다음 기회에도 100여 개가 넘는 카타르항공의 취항지를 통해 다시 뵙기를 기원합니다.
승객 여러분, 다시 한번 도하에 오신 것을 환영합니다. 카타르를 방문하시는 승객 여러분께서는 좋은 시간 되시길 바라며, 환승하시는 승객 여러분께서는 최종 목적지까지 안전하고 편안한 여행 되시길 바랍니다.
감사합니다.

(7) AFTER LANDING : ICN 방송예문 (한국인 현지승무원)

승객 여러분, 저희 비행기는 인천국제공항에 도착하였습니다.
현재 시간은 오후 _____시 _____분이며, 외부 기온은 영상 / (영하) _____도입니다.
승객 여러분의 안전을 위해 비행기가 완전히 멈출 때까지 자리에 앉아 좌석벨트를 착용해 주십시오.
또한 내리실 때에는 두고 내리시는 물건은 없는지 다시 한번 확인해 주시기 바랍니다.
가시고자 하시는 최종 목적지까지의 항공권이 필요하신 분들께서는, 공항터미널의 지상직원에게 문의하여 주시기 바라며, 최종 목적지까지의 항공권을 가지고 계신 분들은 공항 내의 출구배정 안내 스크린을 참고하여 주십시오.
승객 여러분, 지금부터 휴대전화 사용이 가능함을 알려 드립니다.
저희 카타르항공은 승객 여러분의 편의를 위해 온라인 체크인 서비스를 제공하고 있습니다. 출발 서른여섯 시간 전, 인터넷 사이트 www.qatarairways.com을 통해 온라인 체크인 서비스가 가능합니다.
보다 자세한 정보를 원하시는 분께서는 저희 웹사이트를 방문해 주시기 바랍니다.
카타르항공과 oneworld Alliance 그리고 공동 운항사인 아시아나항공을 대신하여, 기장 _____와 승무원 일동은 오늘 승객 여러분의 여정이 편안하고 즐거우셨기를 바라며, 저희 카타르 항공사를 이용해 주셔서 다시 한번 감사드립니다.
안녕히 가십시오.

※ 방송예문 추가 (기종에 따른 상황)
(DISEMBARKATION – ECONOMY CLASS PASSENGERS)

승객 여러분께 안내말씀 드리겠습니다.
Economy Class 승객 여러분께서는 비행기 뒤쪽의 출구를 통해 내려 주시기 바랍니다.
승객 여러분의 협조에 감사드립니다.

제3장 MALAYSIA AIRLINES 예문

(1) Boarding 방송예문

Ladies and Gentlemen,
This is a safety announcement.
Please ensure all of your hand carried items are placed in an overhead compartment or completely beneath the seat in front of you.
The aisle and the area around your feet must be clear.
If you need any assistance, please call any member of the crew.
The usage of mobile phones is strictly prohibited.
For safety reasons, you are required to switch them off now.

(1) Boarding 방송예문 (현지승무원용 한국어 방송)

승객 여러분께 잠시 안전에 관한 안내 말씀 드립니다.
가지고 탑승하신 짐은 머리 위 수화물 칸이나 앞좌석 밑에 보관하여 주시고,
안전을 위해 복도나 비상구 주변에는 수화물을 놓으실 수 없음을 알려드립니다.
또한 기내에서는 휴대폰의 사용이 금지되어 있으니 전원을 꺼주시길 바랍니다.
도움이 필요하신 분께서는 저희 승무원에게 말씀하여 주십시오.
감사합니다.

(2) Welcome 방송예문

Ladies & gentleman,

On behalf of Malaysia Airlines, welcome aboard our flight MH________

to In-Cheon.

Captain ______ is in command and your in-flight supervisor is ______.

Our flight time to In-Cheon will be 6 hours 20 minutes.

Before we take-off, please make sure that your seat back is in the

upright position, and secure your tray table.

Please fasten your seatbelt and observe the 'No Smoking' sign.

Portable electronic devices including mobile phones can interfere with

navigation equipment on board.

Please make sure that they are turned off during take-off and landing.

We are glad to have you with us, and we wish you a pleasant flight.

Thank you.

(2) Welcome 방송예문 (현지승무원용 한국어 방송)

승객 여러분, 안녕하십니까?

오늘도 저희 말레이시아항공을 이용해 주셔서 대단히 감사합니다.

이 비행기는 쿠알라룸프르를 출발하여 목적지인 인천까지 가는 말레이시아항공,

MH______편으로 대한항공 KE______편과 공동운항하고 있습니다.

오늘 여러분을 안전하게 모시고 갈 기장은 ______이며, 사무장은 ______입니다.

목적지인 인천국제공항까지는 약 6시간 20분이 소요될 예정입니다.

지금부터 이륙 준비를 위해 좌석 등받침과 테이블을 제자리에 놓아 주시고,

안전벨트를 매셨는지 다시 한번 확인하여 주시기 바랍니다.

항공안전 규정에 따라 기내에서는 절대 금연하여 주시고

항공운항 장비에 영향을 줄 수 있는 전자기기의 사용도 금지되어 있으니

전원이 꺼져 있는지 다시 한번 확인하여 주십시오.

가시는 목적지까지 편안한 비행 되시길 바랍니다.

감사합니다.

(3) After Take-off 방송예문

Ladies and gentleman,

The fasten seatbelt sign has been switched off however for your safety,

please fasten your seatbelt whenever you are seated.

If you need any assistance, please do not hesitate to ask for our help,

Thank you.

(3) After Take-off 방송예문 (현지승무원용 한국어 방송)

승객 여러분,

방금 안전벨트 표시등이 꺼졌습니다.

그러나 승객 여러분의 안전을 위해, 좌석에 계실 때에는

항상 좌석벨트를 매 주시기 바랍니다.

감사합니다.

(4) Before Landing 방송예문

Ladies and gentleman,

We will be landing shortly,

Please put your seat up right,

fasten your seatbelt and return your tray table to its original position,

Thank you.

(4) Before Landing 방송예문 (현지승무원용 한국어 방송)

승객 여러분,

저희 비행기가 곧 착륙하겠습니다.

좌석 등받침과 테이블을 제자리로 돌려 주시고, 안전벨트를 매 주시기 바랍니다.

감사합니다.

(5) After Landing 방송예문

Ladies & gentleman,

We have just landed at In-Cheon International Airport.

Please remain seated until the aircraft has come to a complete stop and the seatbelt sign has been switched off.

The local time now is ____(am / pm), and the temperature is ____ degrees Celsius.

Before leaving the aircraft make sure you take all your belongings with you.

Thank you for flying Malaysia Airlines and we look forward to welcome you on board again soon.

(5) After Landing 방송예문 (현지승무원용 한국어 방송)

승객 여러분,

저희 비행기는 막 인천국제공항에 착륙하였습니다.

승객 여러분의 안전을 위해, 항공기가 완전히 멈추고 안전벨트 표시등이 꺼질 때까지 일어나지 마시고 자리에 앉아 계시기 바랍니다.

인천의 현지 시각은 (오전 / 오후) _____이며 기온은 (영상 / 영하) _____입니다.

비행기에서 내리실 때에는 두고 내리는 물건은 없는지 다시 한번 살펴 주십시오.

승객 여러분,

오늘도 저희 말레이시아항공을 이용해 주셔서 대단히 감사합니다.

가시는 목적지까지 안녕히 가십시오.

제4장 T'WAY AIR 예문

(1) WELCOME : GENERAL (상황별 인사 포함)

티-웨이 가족 여러분,

오전 비행	a. 상쾌한 아침입니다. b. 운치있는 하루의 시작입니다. c. 선선한 바람이 좋은 아침입니다. d. 바다의 내음이 향긋한 제주의 아침입니다. (제주 출발의 경우) e. 올레길 오르기에 안성맞춤인 아침입니다. (김포 출발의 경우) f. 따사로운 햇살이 좋은 아침입니다.
오후 비행	a. 오늘도 행복한 ____하루되셨습니까? b. 제주의 바다는 만끽하셨습니까? (제주 출발의 경우) c. 따사로운 햇살이 ____기분 좋은 고즈넉한 ____오후입니다. d. 운치 가득한 (가을 / 비내리는 / 눈내리는) 오후입니다.

우리 비행기는 ______편이며, ______까지 ______분의 여행을 함께 하겠습니다.

<table>
<tr><td rowspan="2">10분 이상
DELAY</td><td>[당사 귀책사유인 경우]
a. 출발이 예정시간보다 늦어 / (대단히) 죄송합니다.</td></tr>
<tr><td>[당사 귀책사유가 아닌 경우]
b. _____관계로 / 출발이 예정시간보다 늦어진 점을 / 양해해 주시기 바랍니다.</td></tr>
</table>

여러분의 안전한 여행길을 위하여 휴대하신 가방은 앞좌석 밑이나 선반 속에 보관해 주시고, 지금부터 전자기기의 사용은 삼가시기 바랍니다.
하늘과 _____년의 인연을 이어 온 _____ 기장을 비롯한 저희 승무원들이 여러분을 _____까지 사랑으로 모시겠습니다. 함께 하는 항공사 티-웨이에서 잊을 수 없는 추억 한 자락을 만들어 가시기 바랍니다.
항공기의 베스트셀러 보잉 737-800 항공기로 지금 출발하겠습니다. 좌석벨트를 꼬옥 매 주시기 바랍니다.
참, 현재 ______의 기상은 ______.
고맙습니다.

(1) WELCOME : GENERAL (상황별 인사 포함)

Good morning (afternoon, evening), t'wayers.
This is flight ______ bound for (목적지 도시명).
This aircraft is Boeing 737-800 / the bestselling airplane.
We will now start a ______hours and ______ minute journey to (CITY).

<table>
<tr><td rowspan="2">10분 이상
DELAY</td><td>[당사 귀책사유인 경우]
a. We are sorry for the delay.</td></tr>
<tr><td>[당사 귀책사유가 아닌 경우]
b. Today, we are delayed due to ______.</td></tr>
</table>

Please fasten your seatbelt / also make sure that your carry-on items / are stored in the overhead bins, or under the seat in front of you.
The entire crew and captain ______ / who has been a friend
with the sky for over ______ years welcome you aboard /
and wish you a good journey with t'way.
Ready, here we go!
Thank you. 고맙습니다.

(1) WELCOME : GENERAL (상황별 인사 포함)

皆様みなさま、おはようございます（こんにちは、こんばんは）。
きょうも t'way airを ごりよう いただきまして まことに
ありがとうございます。
このひこうきは、(　　) びん（けいゆ）(　　) ゆきでございます。

<table>
<tr><td rowspan="2">10분이상
DELAY</td><td>[당사 귀책사유인 경우]
a. 本日ほんじつは、（てんこう/たいふう/ゆき/きり）のため、
出発しゅっぱつが おくれました。</td></tr>
<tr><td>[당사 귀책사유가 아닌 경우]
b. 本日ほんじつは、（せいび/こうくうき せつぞく）のため、
出発しゅっぱつが おくれましたことを おわび いたします。</td></tr>
</table>

______までの 飛行時間ひこうじかんは /離陸りりくご / ______時間じかん
______分ふん（ぷん）を 予定よていしております。本日ほんじつは、
機長きちょう ______を はじめ、 わたくしども 乗務員じょうむいんが
皆様みなさまを ______まで
ご案内あんないいたします。
ごようのさいは わたくしどもに ごえんりょなく
おしらせくださいませ。
고맙습니다.

실전연습 일본어

(1) WELCOME : GENERAL (상황별 인사 포함)

皆様みなさま、おはようございます（こんにちは、こんばんは）。
미나사마 오하요-고자이마스 (콘니치와, 콤방와)

きょうも t'way airを ごりよう いただきまして まことに
쿄우모 티웨이 에아오 고리요우 이타다키마시테 마코토니

ありがとうございます。
아리가토-고자이마스

このひこうきは、（　）びん（けいゆ）（　）ゆきでございます。
코노히코우키와, (　) 빙 (케이유) (　) 유키데고자이마스

<table>
<tr><td rowspan="2">10분 이상
DELAY</td><td>[당사 귀책사유인 경우]
a. 本日ほんじつは、（てんこう / たいふう / ゆき / きり）のため、
혼지츠와, (텡코우 / 타이후- / 유키 / 키리) 노타메
出発しゅっぱつが おくれました。
슛빠쯔가 오쿠레마시타</td></tr>
<tr><td>[당사 귀책사유가 아닌 경우]
b. 本日ほんじつは、（せいび / こうくうき せつぞく）のため、
혼지츠와, (세이비 / 코-쿠-키 세츠조쿠) 노타메
出発しゅっぱつが おくれましたことを おわび いたします。
슛빠쯔가 오쿠레마시타코토오 오와비 이타시마스</td></tr>
</table>

______までの 飛行時間ひこうじかんは / 離陸りりくご / ______時間じかん
______마데노 히코우지캉와 / 리리쿠 고 / ______ 지캉

______分ふん（ぷん）を 予定よていしております。 本日ほんじつは、
______훈 (뿐) 오 요테이시테오리마스 혼지츠와,

機長きちょう ______を はじめ、 わたくしども 乗務員じょうむいんが
키쵸우 ______오 하지메, 와타쿠시도모 죠우무잉가

皆様みなさまを ______まで ご案内あんないいたします。
미나사마 오 ______마데 고안나이이타시마스

ごようのさいは わたくしどもに ごえんりょなく おしらせくださいませ。
고요우노사이와 와타쿠시도모니 고엔료나쿠 오시라세쿠다사이마세

고맙습니다.

(1) WELCOME : GENERAL (상황별 인사 포함)

huān yíng chéng zuò / t'way háng kōng gōng sī de háng bān /
欢迎乘坐 / t'way 航空公司的航班 / běn cì háng bān shì / qián wǎng
______de t'way Air ______ cì háng bān。
本次航班是 / 前往 的 t'way Air ______次航班。
běn cì háng bān de fēi xíng shí jiān / yuē wèi ______ xiǎo shí.
本次航班的飞行时间 / 约为 ______小时.

<table>
<tr><td rowspan="2">10분 이상
DELAY</td><td>[당사 귀책사유인 경우]
a. wǒ men hěn bào qiàn yán wù
我们很抱歉延误。</td></tr>
<tr><td>[당사 귀책사유가 아닌 경우]
b. jīn tiān, wǒ men tuī chí de yuán yīn shì______。
今天, 我们推迟的原因是______。</td></tr>
</table>

wèi le nín de ān quán / qǐng jì hào ān quán dài, shōu qǐ zuò yǐ kào bēi hé xiǎo zhuō bǎn。

为了您的安全 / 请系好 安全带, 收起座椅靠悲和小桌板。

běn cì háng bān quán chéng jìn yān, zài fēi xíng tú zhōng qǐng nín bù yào xī yān。

本次航班全程禁烟, 在飞行途中请您不要吸烟。

jìn zhǐ shǐ yòng shǒu jī děng diàn zǐ chǎn pǐn。

禁止使用 手机等 电子产品。

wèi le bǎo zhàng fēi jī dǎo háng jǐ tōng xùn xì tǒng de zhèng cháng gōng zuò,

为了保障飞机导航几通讯系统的正常工作,

qǐng bǎ nín suí shēn xié dài de shǒu jī děng diàn zǐ chǎn pǐn guān bì hòu shōu hǎo。

请把 您随身 携带的手机等 电子产品 关闭后收好。

zhù nín lǚ tú yú kuài, xiè xiè

祝您 旅途愉快, 谢谢。고맙습니다.

실전연습 중국어

(1) WELCOME : GENERAL (상황별 인사 포함)

(환잉 쮜 / t'way 항콩공스더항반 / 번츠항반스 / 치엔왕______더 t'way Air ______ 츠항반)

欢迎乘坐 / t'way 航空公司的航班 / 本次航班是 / 前往______ 的 t'way Air ______次航班。

(번츠항반더페이지스잰 / 유에웨이 ______샤오스)

本次航班的飞行时间 / 约为 ______小时.

10분 이상 DELAY	[당사 귀책사유인 경우] a. (워먼헌빠오치엔엔우) 我们很抱歉延误。
	[당사 귀책사유가 아닌 경우] b. (진티엔, 워먼투이츠더유엔인스______。) 今天, 我们推迟的原因是______。

(웨이러닌더안추엔 / 칭지하오안츄엔따이, 쇼우치쮜이카오베이허 샤오주어반)

为了您的安全 / 请系好 安全带, 收起座椅靠背和小桌板。

(번츠항반츄엔청 진엔, 자이페이항투중 칭닌 부야오 시엔)

本次航班全程禁烟, 在飞行途中请您不要吸烟。

(진즈스용 쇼우지덩 디엔즈 챤핀)
禁止使用 手机等 电子产品。

(웨이러 바오장 페이지 다오항지통쉰 시통더 정창 공쥬어)
为了保障飞机导航几通讯系统的正常工作,

(칭바 닌수이션 시에따이더 쇼우지덩 띠엔즈 관삐호우 쇼유하오)
请把 您随身 携带的手机等 电子产品 关闭后收好。

(주닌 뤼토위콰이 셰셰)
祝您 旅途愉快, 谢谢。고맙습니다.

(2) SEATBELT SIGN OFF 안내 (+ 유상 판매 방송 - 국제선)

티-웨이 가족 여러분, 방금 좌석벨트 사인이 꺼졌습니다.

그러나 기류변화로 비행기가 갑자기 상하 혹은 좌우로 흔들릴 수 있으니,

여러분의 즐겁고 안전한 여행을 위해 / 항상 좌석벨트를 매 주시기 바랍니다.

아울러, 선반 속의 물건을 꺼내실 때는 / 안에 있는 물건이 떨어지지 않도록

유의해 주시기 바라며 이제부터 MP3플레이어나 노트북 등을 사용하실 수 있습니다.

-국제선-
또한, 티-웨이 가족 여러분의 편의를 위해 담요와 맥주를 유상 판매하고 있습니다. 구입을 원하시는 가족 여러분께서는 저희 승무원에게 말씀해 주시기 바랍니다.

t'way와 함께 즐겁고 신나는 여행 하시기를 바랍니다. /

고맙습니다.

(2) SEATBELT SIGN OFF 안내 (+ 유상 판매 방송 - 국제선)

Dear t'wayers,

The seatbelt sign / is now off.

But due to turbulence, the aircraft may become shaky,

so for a safe journey please keep your seatbelt fastened while seated.

When opening the overhead bins, be careful as the contents may fall out.

You may now use MP3 Players and laptop computers.

-국제선-
For your convenience, we are now selling blankets and beer. If you would like to purchase them, please let us know.

Enjoy your journey. / Thank you. / 고맙습니다.

(2) SEATBELT SIGN OFF 안내 (+ 유상 판매 방송 - 국제선)

皆様みなさま /

ただいま/ ベルト べると 着用ちゃくよう のサイン さいん が

消き えしましたが、急きゅうな 気流きりゅう の 変化へ ん か に

そなえ/ お座席ざ せ き に おつきの 際さいは、シし ートベルト

とべると を おしめくださいませ。

また/ 上うえ のたなを おあけになるさいには,

お荷物にもつ が すべり 出で ることが ございますので、

じゅうぶん ご注意ちゅうい くださいませ。

なお、ただいまより、MP3 PLAYER프레이야、 パソコンぱそこんなどは

お使 つかいに なれます。

また、より快適 かいてき なサ さ

ービス びす のため、びーると もうふを販売はんばいしております。

お買かい求もとめるかたは乗務員じょうむいんに

お知 しらせくださいませ。

고맙습니다.

실전연습 일본어

(2) SEATBELT SIGN OFF 안내 (+ 유상 판매 방송 - 국제선)

皆様 みなさま /
미나사마

ただいま / ベルト べると 着用 ちゃくよう のサイン さいん が
타다이마 / 베루토 챠쿠요우 노사인가

消 き えしましたが、 急 きゅうな 気流 きりゅう の 変化 へ ん か に
키에마시타가, 큐우나 키류우노 헨카니

そなえ / お座席 ざせき に おつきの 際 さい は、シ し ートベルト
소나에 / 오자세키니 오츠키노사이와, 시–토베루토

とべると を おしめくださいませ。
오 오시메쿠다사이마세.

また / 上 うえ のたなを おあけになるさいには,
마타 / 우에 노타나오 오아케니나루사이니와,

お荷物 にもつ が すべり 出 で ることが ございますので、
오니모츠가 스베리 데루코토가 고자이마스노데,

じゅうぶん ご注意 ちゅうい くださいませ。
쥬우분 고츄우이 쿠다사이마세.

なお、ただいまより、MP3 PLAYER프레이야、 パソコンぱそこんなどは
니오, 타다이마요리, 엠피쓰리 프레이야, 파소콩나도와

お使 つかいに なれます。
오츠카이니 나레마스.

また、より快適 かいてき なサ さ
마타, 요리 카이테키나 사

ービス びす のため、びーると もうふを販売 はんばい しております。
–비스 노타메, 비–루토 모–후오 한바이 시테오리마스.

お買かい求もとめるかたは 乗務員 じょうむいんに
오카이모토메루카타와 죠우무잉니

お知 しらせくださいませ。
오시라세쿠다사이마세.

고맙습니다.

(2) SEATBELT SIGN OFF 안내 (+ 유상 판매 방송 - 국제선)

chéng kè men,
乘客们,
ān quán dài zhǐ shì dēng yǐ guān bì。
安全带 指示灯 已关闭。
yù dào yì cháng qì liú, / fēi jī huì chǎn shēng yáo huàng,
遇到异常气流, / 飞机会产生摇晃,
wèi le nín de ān quán, / qǐng gè wèi chéng kè ^ quán chéng jì hǎo ān quán dài
为了您的安全, / 请各位乘客 ^ 全程 系好安全带。
háiyǒu / běn cì háng bān quán chéng jìn yān
还有 / 本次航班全程禁烟。
xiàn zài shǐ yòng / shǒu jī, zhào xiāng jī děng diàn zǐ chǎn pǐn。
现在可以使用 / 手机, 照相机等 电子产品。

국제선

lìng wài, wèi le tí gōng biàn lì,
另外, 为了提供便利,
běn cì háng bān chéng wù zǔ wèi ^ gè wèi zhǔn bèi le / tǎn zǐ hé pí jiǔ,
本次航班乘务组为 ^ 各位准备了 / 毯子和啤酒,
yù gòu mǎi de chéng kè / qǐng yǔ wǒ men de chéng wù yuán lián xì。
欲购买的乘客 / 请与我们的乘务员联系。
Qǐng gè wèi xié zhù。 xiè xiè。
请 各位协助。谢谢。고맙습니다.

실전연습 중국어

(2) SEATBELT SIGN OFF 안내 (+ 유상 판매 방송 - 국제선)

청커먼
乘客们,

안추엔따이 즈스덩 이관삐
安全带 指示灯 已关闭。

위따오이창치리우 / 페이지 후이찬셩 야오황
遇到异常气流, / 飞机会产生摇晃,

웨이러 닌더 안츄엔 / 칭거웨이 쳥커 츄엔쳥 지하오 안추엔따이
为了您的安全, / 请各位乘客 ^ 全程 系好安全带。

하이요 / 번처항반츄엔쳥진엔
还有 / 本次航班全程禁烟。

시엔자이 커이 슬용 / 쇼우지, 쟈오상지 덩 띠엔즈 찬핀
现在可以使用 / 手机, 照相机等 电子产品。

국제선

링와이, 웨이러 티공 삐엔리
另外, 为了提供便利,

번츠 항반 청우주웨이 거웨이 준베이러 / 디엔즈 허 피쥐요우
本次航班乘务组为^各位准备了 / 毯子和啤酒,

위고우마이더 청커 / 칭위 워먼더 청우웬리엔시
欲购买的乘客 / 请与我们的乘务员联系。

칭거웨이 시에주, 셰셰
请各位协助。 谢谢。 고맙습니다.

(3) ARRIVAL INFORMATION (GENERAL) ▶ 도착 30분 전

티-웨이 가족 여러분,
(나라명) 입국에 필요한 서류를 준비하셨는지 확인해 주시기 바랍니다.
필요한 경우 (한국어 ONLY) 참고로 (이곳은 현재 _____월 _____일이며),
우리 비행기는 _____편입니다.
궁금한 점이 있으시면 언제든지 저희 승무원에게 말씀해 주십시오.
고맙습니다.

(3) ARRIVAL INFORMATION (GENERAL) ▶ 도착 30분 전

Dear t'wayers,
For entering _____ , please have your entry documents ready.
Thank you.
고맙습니다.

(3) ARRIVAL INFORMATION (GENERAL) ▶ 도착 30분 전

ご案内 あんない いたします。
(NAME OF CITY)で お降 お りのお 客 きゃく さまは
入國 にゅうこく 書類 しょるい を ご用意 ようい くださいませ。

[ONLY JAPAN]
稅關 ぜいかん に 申告 しんこく するものを おもちのお客樣 きゃくさま は
稅關 ぜいかん 申告書 しんこくしょ を お書 か きくださいませ。
고맙습니다.

실전연습 일본어

(3) ARRIVAL INFORMATION (GENERAL) ▶ 도착 30분 전

ご案内 あんない いたします。
고안나이 이타시마스

(NAME OF CITY) で お降 お りの お 客 きゃく さまは
( ) 데 오오리노 오카쿠사마와

入國 にゅうこく 書類 しょるい を ご用意 ようい くださいませ。
뉴우코쿠 쇼루이오 고요우이쿠다사이마세.

[ONLY JAPAN]

稅關 ぜいかん に 申告 しんこく するものを おもちのお客樣 きゃくさま は
제이칸니 신코쿠 스루모노오 오모치노오 캬쿠사마와

稅關 ぜいかん 申告書 しんこくしょ を お書 か きくださいませ。
제이칸 신코쿠쇼오 오카키 쿠다사이마세.

고맙습니다.

(3) ARRIVAL INFORMATION (GENERAL) ▶ 도착 30분 전

chéng kè men, 乘客们,

wèi le jìn rù, qǐng tí qián zhǔn bèi hǎo ^nín de rù jìng zhèng jiàn。

为了进，请提前准备好^您的入境证件。

xiè xiè。谢谢。

고맙습니다.

실전연습 중국어

(3) ARRIVAL INFORMATION (GENERAL) ▶ 도착 30분 전

청커먼
乘客们,

웨이러 진, 칭티치엔 준베이하오 닌더 루징정지엔
为了进，请提前准备好^您的入境证件。

셰셰
谢谢。
고맙습니다.

(4) ARRIVAL INFORMATION : KOREA

티-웨이 가족 여러분,

대한민국에 입국하시는 가족 여러분께서는 입국에 필요한 입국카드와 세관신고서(그리고 검역설문서)를 다 쓰셨는지 확인해 주시기 바랍니다.

세관신고서는 가족당 한 부만 작성하시고 검역설문서는 모든 분이 작성하시기 바랍니다.

그리고 미화 만불 이상, 또는 이에 해당하는 외화를 갖고 계시거나 / 미화 600불 이상의 물품을 구입하신 분께서는 / 세관신고서에 반드시 신고해 주시기 바랍니다.

자진신고를 하지 않은 경우 가산세가 부과됨을 알려드립니다.

[ICN 도착편]

그리고 계속해서 국내선으로 여행하시는 분께서는 모든 짐을 찾아 세관검사를 마치시기 바랍니다.

손님 중 이곳 인천공항에서 운항되는 국내선으로 갈아타실 분은 3층 '국내선 연결 카운터'에서 그리고 김포공항 출발 국내선 이용승객은 김포공항에서 탑승 수속을 하시기 바랍니다.

또한 계속해서 국제선으로 여행하시는 분은 환승 지점에서 보안검색을 마치신 다음, 3층 해당항공사 카운터에서 안내를 받으십시오.

고맙습니다.

(4) ARRIVAL INFORMATION : KOREA

Dear t'wayers,

For entering Korea, please have your entry documents ready.

All passengers are required to complete an arrival card, customs form (and a health questionnaire).

Passengers with any restricted items, or carrying items with a combined value of 600 US dollars or more / must complete a customs form.

If you are carrying more than 10,000(ten thousand)US dollars or the equivalent in foreign currency, please declare them on the customs form.

Meats, plants, fruits or any other food items should also be declared.

Failure to declare could result in an additional tax.

[ICN 도착편]

Passengers connecting to domestic flights here in Incheon international airport, please proceed to the airline's domestic transfer counter on the 3rd floor after taking all your belongings and clearing customs.

And those passengers connecting to international flights, please go through the security checks at the transfer points on the 2nd floor and proceed to the airline's international transfer counter or to the departure gate located on the 3rd floor.

Thank you. 고맙습니다.

(4) ARRIVAL INFORMATION : KOREA

ご案内 あんない いたします。
韓国 かんこく に 入国 にゅうこくするお 客 きゃくさまは
入國 にゅうこく 書類 しょるい を ご用意 ようい くださいませ。
なお、アメリカ あめりか ドル どる を 10000 いちまん ドル どる
以上 いじょう/または、これに そうとうする 外国 がいこく 貨幣 かへい を
おもちのお客 様 きゃくさま そして植物 しょくぶつ 、肉類 にくるい を
おもちのお客 様 きゃくさまは、
かならず 税關 ぜいかん 申告書 しんこくしょ に お書 か きくださいませ。
なお、申告 しんこく もれが あった 場合 ばあい には 罰金 ばっきん が
かせられることが ございますので ご注意 ちゅうい くださいませ。

[ICN 도착편]
ひきつづき 国内線 こくないせん におのりかえのお客様 きゃくさま も、
お荷物 にもつ をおひきとりになり、税関検査 ぜいかんけんさ を
おうけください。
ここ ICN 空港 くうこうから 出発 しゅっぱつする 国内線
こくないせん におのりかえのお客様 きゃくさま は、3 さんかいの
国内線 こくないせんカウンタ かうんた 一へ おすすみください。
また、KIMPO 空港 くうこうから 出発 しゅっぱつ する 国内線 こくないせん
に おのりかえのお客様 きゃくさま は KIMPO 空港 くうこうにて
おのりつぎの 案内 あんない を おうけくださいませ。
また、ひきつづき 国際線 こくさいせん にて ご旅行 りょこう
の お客様 きゃくさま は、保安検査 ほ あ ん け ん さ をお受
うけになり、地上係員 ちじょうかかりいん の 案内 あんないを
お受 うけくださいませ。
고맙습니다.

실전연습 일본어

(4) ARRIVAL INFORMATION : KOREA

ご案内 あんない いたします。
고안나이 이타시마스

韓国 かんこく に 入国 にゅうこくするお 客 きゃくさまは
칸코쿠니 뉴우코쿠스루 오캬쿠사마와

入國 にゅこく 書類 しょるい を ご用意 ようい くださいませ。
뉴우코쿠 쇼루이오 고요우이 쿠다사이마세

なお、アメリカ あめりか ドル どる を 10000 いちまん ドル どる
나오, 아메리카 도루 오 이치만도루

以上 いじょう / または、これに そうとうする 外国 がいこく 貨幣 かへい を
이죠우 / 마타와, 코레니 소우토우스루 카이코쿠 카헤이오

おもちのお客 様 きゃくさま そして 植物 しょくぶつ 、肉類 にくるい を
오모치노 오캬쿠사마 소시테 쇼쿠부츠, 니쿠루이오

おもちの お客 様 きゃくさまは、
오모치노 오캬쿠사마와,

かならず 税關 ぜいかん 申告書 しんこくしょ に お書 か きくださいませ。
카나라즈 제이칸 신코쿠쇼니 오카키 쿠다사이마세

なお、申告 しんこく もれが あった 場合 ばあい には 罰金 ばっきん が
나오, 신코쿠 모레가 앗따 바아이니와 밧킹가

かせられることが ございますので ご注意 ちゅうい くださいませ。
카세라레루코토가 고자이마스노데 고츄우이 쿠다사이마세

week 11주

[ICN 도착편]

ひきつづき 国内線 こくないせんに おのりかえのお客様 きゃくさま も、
히키츠즈키 코쿠나이센니 오노리카에노오 캬쿠사마모,

お荷物 にもつを おひきとりになり、税関検査 ぜいかんけんさ を
오니모츠오 오히키토리니나리, 제이칸켄사오

おうけください。
오우케투다사이

ここ ICN 空港 くうこうから 出発 しゅっぱつ する 国内線
코코 인천 쿠우코우카라 슛빠쯔 스루 코쿠나이센

こくないせん におのりかえの お客様 きゃくさま は、3 さんかいの
니오노리카에노 오캬쿠사마와, 상카이노

国内線 こくないせんカウンタ かうんた 一へ おすすみください。
코쿠나이센 카운타헤 오스스미쿠다사이

また、KIMPO 空港 くうこうから 出発 しゅっぱつ する 国内線 こくないせん
마타, 김포 쿠우코우카라 슛빠쯔 스루 코쿠나이센

に おのりかえの お客様 きゃくさま は KIMPO 空港 くうこうにて
니 오노리카에노 오캬쿠사마와 김포 쿠우코우니테

おのりつぎの 案内 あんない を おうけくださいませ。
오노리츠기노 안나이 오 오우케쿠다사이마세

また、ひきつづき 国際線 こくさいせん にて ご旅行 りょこう
마타, 히키츠즈키 코쿠나이센 니테 고료코우

の お客様 きゃくさま は、保安検査 ほあんけんさ を お受
노 오캬쿠사마와, 호안켄사오 오

うけになり、地上係員 ちじょうかかりいん の 案内 あんないを
우케니나리, 치죠우카카리잉노 안나이오

お受 うけくださいませ。
오우케쿠다사이마세

고맙습니다.

(4) ARRIVAL INFORMATION : KOREA

gè wèi lǚ kè 各位旅客：

qǐng nín què rèn nín de rù jìng suǒ xū de dēng jì qiǎ, shuì guān shēn

qǐng hé jiǎn yì shēn qǐng shì fǒu tián xiě wán.

请您确认您的入境所需的登记卡，税关申请和检疫申请是否填写完。

jiǎn yì shēn qǐng xū yào jiā tíng chéng yuán zhú yī tián xiě,

shuì guān shēn qǐng jiā tíng chéng yuán zhǐ xū tián xiě yī fèn。

检疫申请需要家庭成员逐一填写，税关申请家庭成员只需填写一份。

lìng wài, rú nín dài yǒu yī wàn měi yuán huò xiāng dāng shù é wài

bì, gòu mǎi 600 yuán yǐ shàng de wù pǐn

另外，如您带有一万美元或相当数额外币，购买 600 元以上的物品，

jìng qǐng nín zì jué tián xiě shuì guān shēn qǐng. tè cǐ tōng zhī nín,

rú bù tián xiě, jiāng jiā suàn fù jiā shuì.

敬请您自觉填写税关申请。特此通知您，如不填写，将加算附加税。

[ICN 도착편]

lìng wài, qǐng jì xù guó nèi lǚ xíng de chéng kè, lǐng qǔ nín de suǒ

yǒu xíng lǐ jiē shòu shuì guān jiǎn chá

另外，请继续国内旅行的乘客，领取您的所有行李接受税关检查。

yǒu zài rén chuān huàn chéng guó nèi háng bān de chéng kè, qǐng dào

sān céng bàn lǐ guó nèi háng bān dēng jī shǒu xù.

有在仁川换乘国内航班的乘客，请到三层办理国内航班登机手续。

jì xù guó jì lǚ xíng de chéng kè, qǐng ān jiǎn hòu dào sān céng

xiāng guān háng kōng gōng sī chuāng kǒu bàn lǐ shǒu xù.

继续国际旅行的乘客，请安检后到三层相关航空公司窗口办理手续。

xiè xiè. 谢谢。고맙습니다.

실전연습 중국어

(4) ARRIVAL INFORMATION : KOREA

거웨이 뤼투
各位旅客：

칭닌추에런 닌더 루징소우쉬야오 덩지카, 수이관션칭허 지엔이션칭스포우티엔시에완
请您确认您的入境所需的登记卡，税关申请和检疫申请是否填写完。

지엔이션칭 쉬야오 쨔팅청위엔 주이티엔시에, 수이관션칭 쨔팅청위엔 쥐쉬티엔시에 이펀
检疫申请需要家庭成员逐一填写，税关申请家庭成员只需填写一份。

링와이, 루닌따이요우 이완 메이유웬후어 샹당슈어와이비, 고우마이 리우바이 위엔이샹더 우핀
另外，如您带有一万美元或相当数额外币，购买 600 元以上的物品，

징칭닌 즈쥐에티엔시에수이관션칭. 터츠통즈닌, 루부티엔시에, 장니아수안푸지아수이
敬请您自觉填写税关申请。特此通知您，如不填写，将加算附加税。

[ICN 도착편]

링와이, 칭지쉬궈내이뤼싱더 청커, 링취닌더 소우요더 싱리지에쇼우수이관지엔차
另外，请继续国内旅行的乘客，领取您的所有行李接受税关检查。

요우짜이 런우안 환청 국내이 항반더 청커, 칭따오 산청 반리궈내이항반덩지쇼우쉬
有在仁川换乘国内航班的乘客，请到三层办理国内航班登机手续。

지쉬구어지뤼싱더 청커, 칭안지엔호우 따오 산청 상관항콩공스 촹코우 반리쇼우쉬
继续国际旅行的乘客，请安检后到三层相关航空公司窗口办理手续。

셰셰
谢谢。
고맙습니다.

(5) APPROACHING (국내선) ▶ 10,000ft SIGNAL 후

티-웨이 가족 여러분,
즐거운 여행의 끝이라 몹시 아쉽습니다만, 잠시 후 ____국제공항에 도착하겠습니다.
꺼내 놓으신 짐들은 선반 속과 앞좌석 밑에 보관해 주시고, 등받이와 테이블을 제자리로 해주십시오.
좌석벨트는 매셨는지 확인해 주시고, 아울러 모든 전자기기는 잠시 꺼두시기 바랍니다.
고맙습니다.

(5) APPROACHING (국내선) ▶ 10,000ft SIGNAL 후

Dear t'wayers,
We are approaching _____international airport.
Please stow your carry-on baggage in the overhead bins and return your seat back and tray table / to the upright position.
Also please fasten your seatbelt and refrain from using electronic devices until the aircraftˇ is parked at the gate.
Thank you for your cooperation.
고맙습니다.

(5) APPROACHING (국내선) ▶ 10,000ft SIGNAL 후

皆様 みなさま、
まもなく_____ (国際 こくさい) 空港 くうこう に 到着 とうちゃく いたします。
リクライニング りくらいにんぐ と テ てー ー
ブル ぶる を 戻 もど し、 シ しー ー
トベルト とべると を しっかりと おしめ くださいませ。
ただいまより、 すべての電子気機 でんしきき は ごしように なれません。
電源 でんげん を おきり くださいますよう おねがいいたします。
고맙습니다.

실전연습 일본어

(5) APPROACHING (국내선) ▶ 10,000ft SIGNAL 후

皆様 みなさま、
미나사마,

まもなく______ (国際 こくさい) 空港 くうこう に 到着 とうちゃく
마모나쿠 ______ (코쿠사이) 쿠우코우니 토우차쿠

いたします。
이타시마스

リクライニング りくらいにんぐと
리쿠라이닝구토

テ て ーブル ぶる を 戻 もど し、シしーートベルト
테–부루오 모도시, 시–토베루토

とべると を しっかりと おしめ くださいませ。
오 싯카리토 오시메 쿠다사이마세

ただいまより、すべての 電子気機 でんしきき は ごしように なれません。
타다이마요리, 스베테노 덴시키키와 고시요우니 나레마셍

電源 でんげん を おきり くださいますよう おねがいいたします。
뎅겡오 오키리 쿠다사이마스요우 오네가이이타시마스

고맙습니다.

(5) APPROACHING (국내선) ▶ 10,000^{ft} SIGNAL 후

chéng kè men,
乘客们,

wǒ men de fēi jī jí jiāng jiàng luò zài jī chǎng.
我们的飞机即将降落在机场.

qǐng bǎ ān quán dài xì hǎo, shōu qǐ xiǎo zhuō bǎn jiāng zuò yǐ kào bèi^ diào zhěng dào zhèng cháng wèi zhì
请把安全带系好，收起小桌板将座椅靠背^调整到正常位置。

xiè xiè 谢谢。고맙습니다.

실전연습 중국어

(5) APPROACHING (국내선) ▶ 10,000^{ft} SIGNAL 후

청커먼
乘客们,

워먼더피이지지장 지앙루어자이 지창
我们的飞机即将降落在机场.

칭바안취엔따이 지하오, 쇼우치 샤오쭈어반 장쭈어이카오 베이 티아정 따오 정창웨이즈
请把安全带系好，收起小桌板将座椅靠背^调整到正常位置。

셰셰
谢谢。
고맙습니다.

(6) FAREWELL

티-웨이 가족 여러분,

(CITY)에 오신 것을 환영합니다.

______분 동안 저희와 함께 한 여행은 즐거우셨습니까?

<table>
<tr><td rowspan="4">10분 이상
DELAY</td><td>[당사 귀책사유인 경우]</td></tr>
<tr><td>a. 도착이 예정시간보다 늦어 / (대단히) 죄송합니다.</td></tr>
<tr><td>[당사 귀책사유가 아닌 경우]</td></tr>
<tr><td>b. _____관계로 / 도착이 예정시간보다 늦어진 점을 / 양해해 주시기 바랍니다.</td></tr>
</table>

지금 이곳 시간은 / 오전(오후) ______시______분입니다.

가족 여러분의 안전을 위해 비행기가 완전히 멈출 때까지 자리에 편안하게 앉아 계시기 바랍니다.

선반의 가방을 꺼내실 때는 안에 있는 물건이 떨어지지 않도록 유의해 주시고, 두고 가시는 짐들이 없는지 다시 한번 살펴 주십시오.

여러분의 항공사 티-웨이와 함께 해 주신 가족 여러분, 내일은 여러분께 더욱 사랑 받는 티-웨이가 되겠습니다.

안녕히 다녀오십시오. (안녕히 가십시오.)

t'way it's yours. 고맙습니다.

(6) FAREWELL

Dear t'wayers,

Did you enjoy the _____hours and _____minute journey?

10분 이상 DELAY	[당사 귀책사유인 경우] a. We are sorry for the delay.
	[당사 귀책사유가 아닌 경우] b. Today, we are delayed due to _____.

The local time now is (_____:_____) in the morning (afternoon/evening).

For your safety, please remain seated until the seatbelt sign is turned off.

Please wait until you deplane before turning on your mobile phone.

When you open the overhead bins, be careful as the contents may fall out.

And also please have all your belongings with you when you deplane.

Thank you for joining us today and we hope to see you again soon.

Enjoy your journey, t'way it's yours.

고맙습니다.

(6) FAREWELL

皆様 みなさま
ただいま（　　　　）こくさい空港 くうこう に 到着 とうちゃく いたしました。
現地時間 げんちじかんは、ごぜん(ごご) ____じ ____ふん（ぷん）でございます。

<table>
<tr><td rowspan="2">10분 이상
DELAY</td><td>[당사 귀책사유인 경우]
a. 到着とうちゃくが 予定時間よていじかん より遅おそくなり、(たいへん)申 もう しわけございません。</td></tr>
<tr><td>[당사 귀책사유가 아닌 경우]
b. ______の関係 かんけい で、到着とうちゃくが 予定時間 よていじかん よりおそくなりました。</td></tr>
</table>

どうぞ、ご 了承 りょうしょう くださいませ。
シ しートベルト と べ る と 着用 ちゃくよう のサイン さ い ん が
消きえるまで いま しばらく お座席 ざせき で お待 ま ち くださいませ。
また/ 上 うえ のたなを おあけになるさいには,
お荷物にもつが すべり 出 で ることがございますので、じゅうぶん
ご注意 ちゅうい くださいませ。
お降 お りの際 さい は お忘 わす れ物 もの のないよう
お確たしか めくださいませ。
皆様みなさま、
今日きょうも t'way Airを ご利用りよう いただきまして
ありがとうございました。
また、近ちか いうちに 皆様 みなさまと おめに かかれますよう
わたくしども 乗 務員 じょうむいん いちどう おまち しております。
ご 搭乗 とうじょう、ありがとうございました。고맙습니다.

실전연습 일본어

(6) FAREWELL

皆様 みなさま
미나사마.
ただいま (________)こくさい空港 くうこう に 到着 とうちゃく
타다이마 (________) 코쿠사이 쿠우코우니 토우챠쿠
いたしました。
이타시마스
現地時間げんちじかんは、ごぜん(ごご) ____じ ____ふん (ぷん) でございます。
겡치지깡 와 고젠(고고) ○○ 지 ○○ 분 (뿐) 데 고자이마스

10분 이상 DELAY	[당사 귀책사유인 경우] a. 到着とうちゃくが 予定時間よていじかん より遅おそ 토우챠쿠가 요테이지캉 요리 오소 くなり、(たいへん)申 もう しわけございません。 쿠나리, (타이헨) 모우 시와케고자이마셍
	[당사 귀책사유가 아닌 경우] b. ______の関係 かんけい で、到着とうちゃくが ______노 칸케이데. 토우챠쿠가 予定時間 よていじかん よりおそくなりました。 요테이지칸 요리 오소쿠나리마시타

どうぞ、ご 了承 りょうしょう くださいませ。
도우죠. 고료우쇼우 쿠다사이마세

シ しートベルト とべると 着用 ちゃくよう のサイン さいんが

시-토베루토 챠쿠요우 노사인가

消きえるまで いま しばらく お座席 ざせき で お待 ま ち くださいませ。

키에루마데 이마 시바라쿠 오자세키데 오마치쿠다사이마세

また / 上 うえ のたなを おあけになるさいには,

마타 / 우에 노타나오 오아케니나루사이니와,

お荷物にもつが すべり 出 でる ことがございますので、じゅうぶん

오니모츠가 스베리 데루 코토가고자이마스노데 쥬우분

ご注意 ちゅうい くださいませ。

고츄우이 쿠다사이마세

お降 お りの際 さい は お忘 わす れ物 もの のないよう

오 오리노 사이와 오와스레모노 노나이요우

お確たしか めくださいませ。

오타시카메 쿠다사이마세

皆様みなさま、

미나사마,

今日きょうも t'way Airを ご利用りよう いただきまして

쿄우모 티웨이 에아오 고리요우 이타다키마시테

ありがとうございました。

아리가토-고자이마시타

また、近ちか いうちに 皆様 みなさまと おめに かかれますよう

마타, 치카이우치니 미나사마토 오메니 카카레마스요우

わたくしども 乗務員 じょうむいん いちどう おまち しております。

와타쿠시도모 죠우무잉 이치도우 오마치 시테오리마스

ご 搭乗 とうじょう、ありがとうございました。 고맙습니다.

고토우죠우, 아리가토-고자이마시타

(6) FAREWELL

chéng kè men, (乘客们,)

běn cì háng bān / yǐ jīng dào dá guó jì jī chǎng le。

(本次航班 / 已经到达 国际机场了。)

A. wǒ men duì^ cǐ cì háng bān de yán wù gěi gè wèi dài lái de zhū duō bù biàn biǎo shì bào qiàn.

(我们对^此次航班的延误给各位带来的诸多不便表示抱歉。)

B. yīn wèi ______ wǒ men de fēi jī yán wù dà yuē dāng dì shí jiān shì (zǎo shàng / xià wǔ / wǎn shàng) diǎn fēn。

(因为______我们的飞机延误大约 当地时间是(早上/下午/晚上______点______分。))

wèi le chéng kè men de ān quán, / ān quán dài zhǐ shì dēng dǎ kāishí,

(为了乘客安全, / 安全带 指示灯 打开时,)

qǐng bù yào jiě kāi ān quán dài.^ Bìng qǐng guān bì shǒu jī.

(请 不要解开 安全带.^ 并请 关闭手机。)

fēi jī zhuó lù hòu, qǐng zài yī cì jiǎn chá nín suí shēn xié dài de wùpǐn,

(飞机着陆后, 请 再一次检查 您随身携带的物品,)

yǐ miǎn luò zài fēi jī shàng,

(以免落在飞机上,)

dá kāi xíng lǐ jià shí, qǐng zhù yì xíng lǐ jià lǐ miàn de dōng xī diào xià lái. (打开行李架时, 请注意 行李架里面的东西 掉下来)

wǒ men duì chéng kè men zài fēi xíng qī jiān duì wǒ men gōng zuò de xié zhù biǎo shì gǎn xiè,

(我们对 乘客们在 飞行期间 对我们工作的协助 表示感谢,)

zhù nín lǚ tú yú kuài. xiè xiè.

(祝您旅途愉快。谢谢。)

고맙습니다.

실전연습 중국어

(6) FAREWELL

청커먼
(乘客们,)

번츠항반/이징따오다 궈지지창러
(本次航班 / 已经到达 国际机场了。)

A. 워먼뚜이츠츠항반더 옌우게이거웨이 따이라이더주뚜어 부비엔 비아스 빠오치엔
(我们对 ^ 此次航班的延误给各位带来的诸多不便表示抱歉。)

B. 인웨이 _______워먼더 페이지 옌우 따유에
(因为______我们的飞机延误大约)

당디스지엔스(자오샹 / 시아우 / 완샹__디엔__펀)
(当地时间是(早上 / 下午 / 晚上__点__分。)

(웨이러 커안추엔 / 안추엔따이 즈스덩 다카이스)
(为了乘客安全, / 安全带 指示灯 打开时,)

(칭 부야오 지에카이 안추엔따이 삥칭 관비쇼우지)
(请 不要解开 安全带.^ 并请 关闭手机。)

(페이지수이져루호우, 칭짜이이츠 지엔차 닌수이셩시에따이더 우핀)
(飞机着陆后, 请 再一次检查 您随身携带的物品,)

(이미엔루어짜이 페이지샹)
(以免落在飞机上,)

다카이싱피지아스, 칭주이 싱리지아 리미엔더 동시 띠아오 피아라이)
(打开行李架时, 请注意 行李架里面的东西 掉下来)

(워먼뚜이 청커먼 짜이 페이싱치지엔 두이둬면 공줘더 시에주 비아오스 간시에)
(我们对 乘客们在 飞行期间 对我们工作的协助 表示感谢,)

(주닌뤼투 위콰이. 셰셰)
(祝您旅途愉快。 谢谢。) 고맙습니다.

PART V

운항승무원 및 지상직원 방송문

1. 운항승무원(기장) 방송
2. 지상직원 방송

제1장 운항승무원(기장) 방송

운항승무원 방송이란 기장(부기장)의 기내방송을 말한다.

기장방송의 목적은 항공기 탑승객에게 비행정보 및 안전에 관한 내용, 그리고 비행 중 발생하는 모든 상황에 대한 정보를 적시에 전달하고 승객의 요구를 충족시키며 비상시 안전관련 통제수단으로 활용함으로써 안전과 편안한 항공여행을 제공하는 데 있다.

또한, 기장방송은 다른 기내방송과 달리 캐빈과 완전히 분리된 공간에서 음성언어로만 전달되기 때문에 방송에 사용되는 기장의 목소리가 가장 중요하다. 항공기 탑승객은 오직 기장의 목소리만으로 자신의 안전을 책임지고 있는 기장과 해당 항공사의 이미지를 기억한다.

뿐만 아니라, 돌발사태 발생 시에는 방송 중 표현하는 목소리의 감정과 톤, 말의 속도를 통해 전달 내용에 대한 신뢰를 줄 수 있는 동시에 상황 통제에 필요한 권위를 전달할 수 있는 유일한 수단이다.

운항(기장) 안내방송은 안전운항에 지장이 없는 범위 내에서

1. 인사 및 비행계획
2. 특이사항 안내(악천후, 회항, 복행, 목적지 변경, 도착지연 등)
3. 착륙 전 안내

의 단계별로 실시한다.

(1) 국내선 및 2시간 이내의 국제선 인사

(방송실시시점 : 이륙 후 순항고도에 이르러 안전한 시점)

손님 여러분, 안녕하십니까? 저는 여러분을 안전하게 모실

1. 기장 ________입니다.
2. 부기장이며, 기장은 _________입니다. (기장이 외국인일 경우)

_____항:공과 함께 해주셔서, 대:단히 감:사합니다.

[필요시, 상황에 맞는 문구 선택 및 응용]

1) 비행기 연결 관계로
2) _____(국가)지역 항:로 혼잡으로 인해
3) 공항혼잡으로 인해
4) _____공항의 기상상태가 좋:지 않아
5) (비행기 / 공항) 제설작업으로 인해
6) 비행기 점검으로 인해
7) 환:승 손님을 기다리는 관계로

(출발 / 이:륙)이 지연된 점 양해 부탁 드립니다.

[Air show 불가시]

현:재 이 비행기는 고도 _____미터, 시속 _____킬로미터로
순:항중에 있습니다.

_____(도시) _____(국제)공항까지의 비행시간은

_____시간, _____분이 소:요되어 [현:지시간](오:전 / 오:후)

_____시 _____분에 도:착할 예:정입니다. 오늘 항:로상의 날씨는

1) 대:체로 양호할 것으로 예:상되나, 기류가 불안정한 지역을 통과할 때에는 다소 흔들릴 수도 있습니다.
2) (불안정한 기류의 / 강한 제트기류의 / 태풍 _____의 / 허리케인 _____의) 영:향으로 자주 흔들릴 것으로 예:상됩니다.

여러분의 안전을 위해 좌:석에 앉아 계실 때는,

반드시 좌:석 벨트를 매: 주시기 바랍니다.

현:재 __(국제)__공항의 날씨는

(맑으며 / 흐리며 / 비가 오며 / 눈:이오며 / 안개가 끼어 있으며 / 바람이 불고 있으며),

기온은 섭씨 _____도(화씨 _____도)입니다.

오늘도 저희 _____ 항:공과 함께,

1) 즐겁고 편안한 시간 보내시기 바랍니다.
2) 편안한 여행이 되시기 바라며 (목적지 안내문구 선택 또는 응용문구 사용) _____ (도시)에서 즐거운 시간 보내시기 바랍니다.

감:사합니다.

(1) Domestic and International Flights (less than 2 hours)

(방송실시시점 : 이륙 후 순항고도에 이르러 안전한 시점)

Good morning (afternoon / evening),
ladies and gentleman.

1) This is Captain ______(full name)______ speaking.
2) On behalf of Captain ______(full name)______, this is the first officer speaking.

Welcome aboard ______Airlines.

[If necessary]

We sincerely regret the delay due to
1) a late-arriving connecting flight.
2) (heavy) ground traffic.
3) inbound traffic in ______ (city name).
4) adverse weather at ______ (airport name).
5) de-icing of the airplane / snow removal at the airport.
6) airplane inspection
7) transiting passengers.

bound for ______(city)______ International Airport.

[If Air Show is inoperative]
We are cruising at an altitude of ______ feet, with a ground speed of ______ miles per hour.

The flight time will be ______ hours and ______ minutes and
we expect to land at (:) (AM / PM) local time.
The weather en-route will be

1) mostly clear, with a possibility of turbulence from time to time
2) mostly clear but slightly turbulent due to (unstable air currents / jet streams / winds from Typhoon ______[name]______ / Hurricane ______[name]______).

For your safety, please keep your seatbelt fastened while seated.
The current weather at ______ (International) airport is
(clear / cloudy / rainy / snowy / foggy / windy),
with a temperaure of ______ degrees (Celsius / Fahrenheit).
Thank you for flying ______ Airlines
(a member of ______).

1) Have a pleasant flight.
2) We hope you enjoy the flight.

(2) 국제선 착륙 전 안내

(방송실시시점 : 착륙 30분 전)

손님 여러분, 저는 (기장 / 부기장)입니다.

1) (저희 캐빈승무원의 서비스와 함께) 즐겁고, 편안한 여행 되셨습니까?
2) 불안정한 기류로 인해 비행기가 많:이 흔들렸는데 불편하지는 않으셨습니까?

현:재 이 비행기는 ______(도시)______(국제)공항에 접근하고 있으며
앞으로 (30 / ______)분 후인, 현:지 시각 (오:전 / 오:후)
______시 ______분에 착륙할 예:정입니다.
현:재 ______(국제)공항의 날씨는
(맑으며 / 흐리며 / 비가 오며 / 눈:이 오며 / 안개가 끼어 있으며 / 바람이 불고 있으며),
기온은 섭씨______도(화씨______도)입니다.
오늘도 저희 ______항:공과 함께 해주신 여러분께 진심으로 감:사 드립니다.

(1) 다음 여행에서도 ______항:공 기내에서 만나 뵙기를 기대하겠습니다.
(2) (목적지 안내문구 선택 또는 응용문구 사용) ____도시____에서 (즐겁고 편안한 시간 보내시기 바랍니다. 아름다운 추억 많:이 만드시기 바랍니다.)

감:사합니다.

(2) Farewell Announcement for International Flights

(방송실시시점 : 착륙 30분 전)

Ladies and Gentleman,

This is your (captain / first officer) speaking.

1) We hope you had a pleasant flight.
2) We encountered an unstable air current and regret any alarm or discomfort this may have caused

We are now approaching ______(city)______ International Airport
and will be landing in about (30 / ______) minutes,
around (:) (AM / PM) local time.
The current weather in ______ International Airport is,
(clear / cloudy / rainy / snowy / foggy / windy),
with a temperature of ______ degrees (Celsius / Fahrenheit).
We thank you for flying ______Airlines (a member of ______).
Enjoy your stay in ______ (city),
and we hope to see you again soon.

제2장 지상직원 방송

(1) 탑승수속 지연 안내

______항공에서 손님 여러분께 / 죄송한 안내말씀 드리겠습니다.
지금 ______로 인하여 / 탑승수속이 지연되고 있사오니,
잠시만 기다려 주시기 바랍니다.
불편을 끼쳐드려 / 대단히 죄송합니다.

(1) 탑승수속 지연 안내

May I have your attention please.
The check-in process is temporarily suspended / due to ______.
We are sorry for this inconvenience, / and we will keep you informed of further notice.
Your kind understanding will be appreciated.

(2) 출발 지연 안내

_____항공에서 / _____로 출국하시는 손님 여러분께 /
죄송한 안내말씀 드리겠습니다.
_____항공 _____시_____분 _____편행은 / _____로 인하여 /
정시보다 약_____분이 지연되어 / _____시_____분에 출발예정이오니 /
이 점 널리 양해하여 주시기 바랍니다.

(2) 출발 지연 안내

May I have your attention please.
_____Air flight _____, / bound for _____ at _____ / will be delayed for _____hour(s) _____minutes / due to _____.
The new departure time is / _____.
We are sorry for the inconvenience.
Your kind understanding will be appreciated.

(3) 지연된 후 탑승수속 안내

_____항공에서 / 안내말씀 드리겠습니다.
_____시_____분에 출발예정인 _____항공 _____편 항공기는 /
잠시 후, _____시_____분에 출발하겠사오니 / 손님 여러분께서는 /
탑승수속을 받아 주시기 바랍니다.
감사합니다.

(3) 지연된 후 탑승수속 안내

May I have your attention please.

______Air flight bound for ______, / scheduled to leave at ______ /

will be leaving at ______.

All passengers, / please proceed to the check-in counter.

Thank you.

(4) 항공기 결항

______항공에서 ______으로 출국하시는 손님 여러분께 / 안내말씀 드리겠습니다.

______시______분 출발예정인 / ______항공 ______편 ______행 항공기는 /

______로 인하여 결항되었사오니 / 이 점 널리 양해하여 주시기 바랍니다.

자세한 안내를 원하시는 분께서는 / ______항공 ______번 카운터로 /

와 주시기 바랍니다.

불편을 끼쳐드려 / 대단히 죄송합니다.

(4) 항공기 결항

May I have your attention please.

______Air flight bound for ______ / has been cancelled due to ______.

For more information, / please come to the ______ AIR

check-in counter number ______.

We are sorry for your inconvenience.

Thank you.

(5) 항공기 출발 운항 미정 안내

______항공에서 ______로 출국하시는 손님 여러분께 /
죄송한 안내말씀 드리겠습니다.
______항공 ______편 ______행 항공기는 / ______으로 인하여 현재 운항여부가 /
결정되지 않았습니다.
이 점 널리 양해하여 주시기 바랍니다.
정확한 운항여부는 / 결정되는 대로 / 곧 안내해 드리겠습니다.
감사합니다.

(5) 항공기 출발 운항 미정 안내

May I have your attention please.
______Air flight ______ bound for ______ / will be delayed due to ______.
The new departure time will be announced / as soon as possible.
We are sorry for this inconvenience.
Thank you.

PART Ⅵ

기내방송에 필요한 정보

1. 공항 및 도시의 공식명칭
2. 세계의 시차 정보
3. 온도 변환 정보
4. 속도 변환 정보
5. 고도 변환 정보

제1장 공항 및 도시의 공식명칭

▶ 도시명과 공항명은 취항지의 3 LETTER CODE를 기준으로 알파벳 순서로 정렬

▶ 한국어 표기는 현지어 발음을 원칙으로 하였음.

▶ 공항명의 경우 'international airport'가 생략되었음.

CODE	종류	한국어	영어	일본어	중국어
AKL	도시명	오클랜드	AUCKLAND	おーくらんど 오–쿠란도	奥克兰 아오커란
	공항명	오클랜드 국제공항	AUCKLAND	おーくらんど 오쿠란도	奥克兰国际机场 아오커란궈지지창
AMS	도시명	암스테르담	AMSTERDAM	あむすてるだむ 아무스테루다무	阿姆斯特丹 아무스터단
	공항명	스키폴 국제공항	SCHIPHOL	すきぽーる 스키포–루	史基浦国际机场 스지푸궈지지창
ANC	도시명	앵커리지	ANCHORAGE	あんかれじ 앙카레지	安克雷奇 안커레이치
	공항명	테드스티븐스 국제공항	TED STEVENS	でっどすてぃーぶんす 뎃도스테–분스	泰德 · 史蒂文斯国际机场 타이더 · 스띠원스 궈지지창

week 13주

CODE	종류	한국어	영어	일본어	중국어
AOJ	도시명 공항명	아오모리 아오모리 국제공항	AOMORI AOMORI	あおもり 아오모리 あおもり 아오모리	青森 칭선 青森国际机场 칭선궈지지창
ATL	도시명 공항명	아틀란타 하츠필드 국제공항	ATLANTA HARTSFIELD	あとらんた 아토란타 はーつふぃーるど 하–츠후이–루도	亚特兰大 야터란따 哈茨菲尔德国际机场 하츠페얼더궈지지창
AXT	도시명 공항명	아키다 아키다 국제공항	AKITA AKITA	あきた 아키타 あきた 아키타	秋田犬国际机场 치오우티엔취엔 궈지지창
BAH	도시명 공항명	바레인 바레인 국제공항	BAHRAIN BAHRAIN	ばーれーん 바–렌– ばーれーん 바–렌–	巴林 国际机场 바린 궈지지창
BKK	도시명 공항명	방콕 방콕 국제공항	BANGKOK BANGKOK	ばんこく 방코쿠 ばんこく 방코쿠	曼谷廊曼国际机场 만구랑만궈지지창
BNE	도시명 공항명	브리즈번 브리즈번 국제공항	BRISBANE [brizbn] BRISBANE	ぶりすばん 부리스반 ぶりすばん 부리스반	布里斯班国际机场 부리스반궈지지창
BOM	도시명 공항명	뭄바이 챠뜨라빠띠 쉬바지 국제공항	MUMBAI CHATRAPATISH IVAJI	むんばい 문바이 ちゃとらぱてぃし ヴァーじー 챠토라파테시브아–지–	孟买 멍마이 贾特拉帕蒂·希瓦吉国 际机场 차터라파띠시와지 궈지지창

CODE	종류	한국어	영어	일본어	중국어
BOS	도시명 공항명	보스턴 로간 국제공항	BOSTON LOGAN	ぼすとん 보스톤 ろーがん 로-간	波士顿 포스둔 洛根国际机场 루어건궈지지창
CAI	도시명 공항명	카이로 카이로 국제공항	CAIRO CAIRO	かいろ 카이로 かいろ 카이로	开罗 카이루어 开罗国际机场 카이루어궈지지창
CDG	도시명 공항명	파리 샤를 드 골 국제공항	PARIS CHARLES DE GAULLE	ぱり 파리 しゃるるどごーる 샤루루도고-루	巴黎 빠리 夏尔 · 戴高乐 国际机场 사얼 · 따이까오얼 궈지지창
CGK	도시명 공항명	자카르타 수카노하타 국제공항	JAKARTA SOEKARNO HATTA	じゃかるた 자카루타 すかるのはった 스카루노핫타	雅加达 야쨔다 苏加诺-哈达 国际机场 수쟈누어하다 궈지지창
CHC	도시명 공항명	크라이스트처치 크라이스트처치 국제공항	CHRISTCHURCH CHRISTCHURCH	くらいすとちゃーち 크라이스토차-치 くらいすとちゃーち 크라이스토차-치	克赖斯特彻奇 커란스터쳐치 克赖斯特彻奇 国际机场 커란슨터쳐치 궈지지창

CODE	종류	한국어	영어	일본어	중국어
CMB	도시명 공항명	콜롬보 콜롬보 국제공항	COLOMBO COLOMBO	ころんぼ 코론보 ころんぼ 코론보	科伦坡 커룬포 科伦坡国际机场 커룬포궈지지창
CTS	도시명 공항명	삿보로 뉴 치토세 국제공항	SAPPORO NEW CHITOSE	さっぽろ 삿포로 しんちせと 신치세토	札幌 짜황 新千岁国际机场 신치엔수이궈지지창
DEN	도시명 공항명	덴버 덴버 국제공항	DENVER DENVER	でんばー 덴바– でんばー 덴바–	丹佛 단풔 丹佛国际机场 단풔궈지지창
DFW	도시명 공항명	달라스 포트웰스 국제공항	DALLAS FORT WORTH	だらす 다라스 ふぉーとわーす 후오–토와–tm	达拉斯 다라스 沃斯堡国际机场 워스바오궈지지창
DPS	도시명 공항명	덴파사 발리 응우라라이 국제공항	DENPASAR BALINGURAHRAI [gu:rarai]	でんぱさーる 덴파사–루 ばりうんうららい 바리웅우라라이	地方破庙 디팡포미아오 巴厘岛的登巴萨 国际机场 바리다오더덩바싸궈지지창
DXB	도시명 공항명	두바이 두바이 국제공항	DUBAI DUBAI	どばい 도바이 どばい 도바이	迪拜 디바이 迪拜国际机场 디바이궈지지창
EWR	도시명 공항명	뉴어크 뉴어크 국제공항	NEWWARK NEWWARK	にゅーあーく 뉴–아–쿠 にゅーあーく 뉴–아–쿠	纽瓦克 뉘요와커 纽瓦克国际机场 뉘요와커궈지지창

CODE	종류	한국어	영어	일본어	중국어
FCO	도시명 공항명	로마 피우미치노 국제공항	ROME FIUMICINO	ろーま 로-마 ふいうみちーの 후이우미치-노	罗马 루어마 菲乌米奇诺 国际机场 페이우미치누어 궈지지창
FRA	도시명 공항명	프랑크프루트 프랑크프루트 국제공항	FRANKFURT FRANKFURT	ふらんくふると 후랑쿠후루토 ふらんくふると 후랑쿠후루토	法兰克福 파란커푸 法兰克福国际机场 파란커푸궈지지창
FUK	도시명 공항명	후쿠오카 후쿠오카 국제공항	FUKUOKA FUKUOKA	ふくおか 후쿠오카 ふくおか 후쿠오카	福冈 푸강 福冈国际机场 푸강궈지지창
GRU	도시명 공항명	상파울루 과루료스 국제공항	SAO PAULO CUARULHOS	さんぱうろ 상파우로 ぐあるーりょす 구아루-료스	圣保罗 셩바오루어 和损耗国际机场 허순하오궈지지창
GUM	도시명 공항명	괌 괌 국제공항	GUAM GUAM	ぐあむ 구아무 ぐあむ 구아무	关岛 관다오 关岛国际机场 관다오궈지지창
KMG	도시명 공항명	쿤밍 우자빠 국제공항	KUNMING WUJIABA	くんみん 쿰민 うじあば 우지아바	昆明 쿤밍 巫家坝国际机场 우자바지궈지지창
KOJ	도시명 공항명	가고시마 가고시마 국제공항	KAGOSHIMA KAGOSHIMA	かごしま 카고시마 かごしま 카고시마	鹿儿岛 루얼다오 鹿儿岛国际机场 루얼다오궈지지창

CODE	종류	한국어	영어	일본어	중국어
KUL	도시명 공항명	콸라룸푸르 콸라룸푸르 국제공항	KUALALUMPUR KUALALUMPUR	くあらるんぷーる 쿠아라룸부-루 くあらるんぷーる 쿠아라룸부-루	吉隆坡 지롱포 吉隆坡国际机场 지롱포궈지지창
LAX	도시명 공항명	로스앤젤레스 로스엔젤레스 국제공항	LOS ANGELES LOS ANGELES	ろさんぜるす 로산제루스 ろさんぜるす 로산제루스	洛杉矶 루오샨지 洛杉矶国际机场 루오샨지궈지지창
LHR	도시명 공항명	런던 히드로 국제공항	LONDON HEATHROW	ろんどん 론돈 ひーすろー 히-스로-	伦敦 룬뒨 希思罗国际机场 시스뤄궈지지창
MAD	도시명 공항명	마드리드 바라하스 국제공항	MADRID BARAJAS [bara:has]	まどりーど 마도리-도 ばらはす 바라하스	马德里 마더리 巴拉哈斯国际机场 바라하스궈지지창
MNL	도시명 공항명	마닐라 니노이 아키노 국제공항	MANILA NINOY AQUINO	まにら 마니라 にのいあきの 니노이아키노	马尼拉 마니라 尼诺伊 · 阿基诺 国际机场 니누어이 · 하스누어 궈지지창
NAN	도시명 공항명	난디 난디 국제공항	NADI NADI	なんでぃ 난데 なんでぃ 난데	那笛 나디 那笛国际机场 나디궈지지창
NGO	도시명 공항명	나고야 나고야 국제공항	NAGOYA NAGOYA	なごや 나고야 なごや 나고야	名古屋 밍구우 名古屋 国际机场 밍구우궈지지창

CODE	종류	한국어	영어	일본어	중국어
NGS	도시명 공항명	나가사키 나가사키 국제공항	NAGASAKI NAGASAKI	ながさき 나가사키 ながさき 나가사키	长崎 창치 长崎国际机场 창치궈지지창
NRT	도시명 공항명	도쿄 나리타 국제공항	TOKYO NARITA	とうきょう 토우쿄우 なりた 나리타	东京 동징 成田国际机场 티엔궈지지창
OIT	도시명 공항명	오이타 오이타 국제공항	OITA OITA	おおいた 오오이타 おおいた 오오이타	大分 따펀 大分国际机场 따펀궈지지창
OKA	도시명 공항명	오키나와 나하 국제공항	OKINAWA NAHA	おきなわ 오키나와 なは 나하	冲绳 춍셩 那霸国际机场 나바궈지지창
OKJ	도시명 공항명	오카야마 오카야만 국제공항	OKAYAMA OKAYAMA	おかやま 오카야마 おかやま 오카야마	冈山 강샨 冈山国际机场 강샨궈지지창
ORD	도시명 공항명	시카고 오해어 국제공항	CHICAGO O'HARE	しかご 시카고 おへあ 오헤아	芝加哥 즈쟈거 奥黑尔国际机场 아오헤이얼 궈지지창
PEK	도시명 공항명	베이징 캐피털 국제공항	BEIJING CAPITAL	ぺきん 페킹 きゃぴたる 캬피타루	北京 베이징 北京首都国际机场 베이징쇼우두 궈지지창

CODE	종류	한국어	영어	일본어	중국어
SDJ	도시명 공항명	센다이 센다이 국제공항	SENDAI SENDAI	せんだい 센다이 せんだい 센다이	仙台 시엔타이 仙台国际机场 시엔타이궈지지창
SFO	도시명 공항명	샌프란시스코 샌프란시스코 국제공항	SANFRANCISCO SANFRANCISCO	さんふらんしすこ 상후란시스코 さんふらんしすこ 상후란시스코	圣弗朗西斯科 셩푸랑시스커 圣弗朗西斯科 国际机场 셩푸랑시스커 궈지지창
SGN	도시명 공항명	호치민 탄손넛 국제공항	HOCHIMINH TANSONNHAT	ほーちみん 호–치민 たんそんにゃっと 탄손 토	胡志明 후즈밍 天山国际机场 티엔샨궈지지창
SHA	도시명 공항명	상하이 푸동 국제공항	SHANGHAI PUDONG	しゃんはい 샹하이 ぷーどん 푸–동	上海 샹하이 浦东国际机场 푸동궈지지창
SHE	도시명 공항명	선양 타오셴 국제공항	SHENYANG TAOXIAN	しぇんやん 쉔양 たおしぇん 타오쉔	沈阳 套现国际机场 타오시엔궈지지창
SIA	도시명 공항명	시안 셴양 국제공항	SIAN XIANYANG	しあん 시안 しぇんやん 쉔양	西安 시안 沈阳国际机场 션양궈지지창
SIN	도시명 공항명	싱가포르 창이 국제공항	SINGAPORE CHANGI	しんがぽーる 싱가포–루 ちゃんい 창이	新加坡 신쟈포 樟宜国际机场 장이궈지지창

CODE	종류	한국어	영어	일본어	중국어
SPN	도시명 공항명	사이판 사이판 국제공항	SAIPAN SAIPAN	さいぱん 사이팡 さいぱん 사이팡	塞班岛 사이반다오 塞班岛国际机场 사이반다오궈지지창
SVO	도시명 공항명	모스크바 쉐레메트예보 국제공항	MOSCOW SHEREMETYEVO	もすくわ 모스쿠와 しぇれめーちぇヴォ 쉐레메-췌부오	莫斯科 모스커 谢列梅捷沃国际机场 셰리에메이지애워궈지지창
SYD	도시명 공항명	시드니 킹스폴드 스미스 국제공항	SYDNEY KINGFORD SMITH	しどにー 시도니- きんぐすふぉーるどすみす 킹구스후오-루도스미스	悉尼 시니 金斯福德·史密斯国际机场 진스포더 · 슬미스궈지지창
SYX	도시명 공항명	산야 평황 국제공항	SANYA FENGHUANG	さんやー 산야- ふぇんぐふぁん 휑구후앙	三亚 산야 凤凰国际机场 평황궈지지창
TAO	도시명 공항명	칭다오 류팅 국제공항	QINGDAO LIUTING	ちんたお 친타오 りゅうてい 류우테-	青岛 칭다오 流亭国际机场 류팅궈지지창
TLV	도시명 공항명	텔 아비브 벤 구리온 국제공항	TEL AVIV BEN GURION	てるあびぶ 테루아비부 べんぐりおん 벤구리앙	特拉维夫 터라웨이푸 本 · 古里安国际机场 번 · 구리안 궈지지창

CODE	종류	한국어	영어	일본어	중국어
TNA	도시명 공항명	지난 야오챵 국제공항	JINAN YAOQIANG	じなん 지난 やおちゃん 야요챵	济南 지난 姚强国际机场 야오챵궈지지창
TPE	도시명 공항명	타이페이 장카이석 국제공항	TAIPEI CHIANG KAI SHEK	たいぺい 타이페이 ちあんかいしぇっく 치앙카이 쿠	台北 타이베이 蒋介石国际机场 장지에스궈지지창
TSN	도시명 공항명	톈진 빈하이 국제공항	TIANJIN BINHAI	てんじん 텐징 びんはい 빙하이	天津 톈진 滨海国际机场 빈하이궈지지창
ULN	도시명 공항명	울란바토르 부얀우하 국제공항	ULAANBAATAR [uːlaːn-baːtaːr] BUYANT UKHHA	うらんばーとる 우란바-토루 ぼやんとおはー 보얀토오하-	乌兰巴托 우란바퉈 埠燕吴国际机场 부앤우궈지지창
VIE	도시명 공항명	비엔나 비엔나 국제공항	VIENNA VIENNA	うぃーん 빈 うぃーん 빈	维也纳 웨이애나 维也纳国际机场 웨이애나궈지지창
VVO	도시명 공항명	블라디보스톡 블라디보스톡 국제공항	VLADIVOSTOK VLADIVOSTOK	ぶらじぼすとーく 부라지보스토-쿠 ぶらじぼすとーく 부라지보스토-쿠	符拉迪沃斯托克 푸라디워스퉈커 符拉迪沃斯托克 国际机场 푸라디워스퉈커 궈지지창
WUH	도시명 공항명	우한 톈허 국제공항	WUHAN TIANHE	うはん 우한 てんへ 텡헤	武汉 우한 天河国际机场 톈허궈지지창

CODE	종류	한국어	영어	일본어	중국어
YNJ	도시명 공항명	옌지 옌지 국제공항	YANJI YANJI	やんじ 얀지 やんじ 얀지	延吉 옌지 延吉 国际机场 옌지궈지지창
YNT	도시명 공항명	옌타이 옌타이 국제공항	YANTAI YANTAI	やんたい 얀타이 やんたい 얀타이	烟台 옌타이 烟台国际机场 옌타이궈지지창
YVR	도시명 공항명	밴쿠버 벤쿠버 국제공항	VANCOUVER VANCOUVER	ばんくーばー 방쿠-바- ばんくーばー 방쿠-바-	温哥华 원거화 温哥华国际机场 원거화궈지지창
YYZ	도시명 공항명	토론토 레스터 비 피어슨 국제공항	TORONTO LESTER B. PEARSON	とろんと 토론토 れすたーびぴあそん 레스타-비비안손	多伦多 둬룬둬 莱斯特 b 皮尔逊国际机场 라이스터 비 피얼쉰궈지지창
XMN	도시명 공항명	샤먼 까오치 국제공항	XIAMEN GAOQI	しゃめん 샤멘 がおち 카오치	萨满 사만 曹琪国际机场 챠오치궈지지창
ZRH	도시명 공항명	취리히 취리히 국제공항	ZURICH ZURICH	ちゅーりひ 츄-리히 ちゅーりひ 츄-리히	苏黎世 수리슬 苏黎世国际机场 수리슬궈지지창

week 13주

국내공항

CODE	지역명	공항 공식 명칭
CJJ	청주	청주 국제공항
CJU	제주	제주 국제공항
GMP	서울	김포 국제공항
HIN	진주 / 사천	사천 공항
ICN	인천 / 서울	인천 국제공항
KAG	강릉	강릉 공항
KPO	포항	포항 공항
KUV	군산	군산 공항
KWJ	광주	광주 국제공항
MPK	목포	목포 공항
PUS	부산	김해 국제공항
RSU	여수 / 순천	여수 공항
SHO	속초	속초 공항
TAE	대구	대구 국제공항
WJU	원주	원주 공항
YEC	예천 / 안동	예천 공항
YNY	양양	양양 국제공항

제2장 세계의 시차 정보

국가 또는 지역	도시	시차	참조
중국	PEK	-1	베이징
	SHA	-1	상하이
동남아	BKK	-2	방콕
	SIN	-1	싱가포르
	HKG	-1	홍콩
	MFM	-1	마카오
	SGN	-2	호치민
	MNL	-1	마닐라
호주	SYD	+1	시드니
유럽	BRU브뤼셀	-8	3월 마지막 일요일부터 9월 마지막 일요일까지는 Summer Time 실시 *Summer Time 시 현지시간 1시간 빨라짐
	VIE비엔나	-8	
미주	LAX(L.A)	-17	4월 첫째 일요일부터 10월 마지막 일요일까지는 Summer Time 실시 (단, HNL는 제외) *Summer Time 시 현지시간 1시간 빨라짐.
	SFO샌프란시스코	-17	
	NYC뉴욕	-14	
	HNL호놀룰루	-19	
	SEA시애틀	-17	
	ANC앵커리지	-18	

제3장 온도 변환 정보

온도 변환 정보 (TEMP)	
섭씨(℃)	화씨(℉)
−25	−13
−24	−11
−23	−9.4
−22	−7.6
−21	−5.8
−20	−4
−19	−2.2
−18	−0.4
−17	1.4
−16	3.2
−15	5
−14	6.8
−13	8.6
−12	10.4
−11	12.2
−10	14

온도 변환 정보 (TEMP)	
섭씨(℃)	화씨(℉)
−9	15.8
−8	17.6
−7	19.4
−6	21.2
−5	23
−4	24.8
−3	26.6
−2	28.4
−1	30.2
0	32
1	33.8
2	35.6
3	37.4
4	39.2
5	41
6	42.8
7	44.6
8	46.4
9	48.2
10	50
11	51.8
12	53.6
13	55.4
14	57.2
15	59

온도 변환 정보 (TEMP)	
섭씨(℃)	화씨(℉)
16	60.8
17	62.6
18	64.4
19	66.2
20	68
21	69.8
22	71.6
23	73.4
24	75.2
25	77
26	78.8
27	80.6
28	82.4
29	84.2
30	86
31	87.8
32	89.6
33	91.4
34	93.2
35	95
36	96.8
37	98.6
38	100.4
39	102.2

제4장 속도 변환 정보

속도 변환 정보 (SPEED)		
KTS (나트)	KPH (킬로미터)	MPH (마일)
300	556	345
310	574	357
320	593	368
330	611	380
340	630	391
350	649	403
360	667	414
370	685	426
380	704	437
390	722	449
400	741	460
410	759	472
420	778	483
430	796	495
440	815	506
450	833	518

속도 변환 정보 (SPEED)		
KTS (나트)	KPH (킬로미터)	MPH (마하)
460	852	529
470	870	541
480	889	552
490	907	564
500	926	575
510	945	587
520	963	598
530	982	610
540	1000	621
550	1019	633
560	1037	644
570	1056	656
580	1074	667
590	1093	679
600	1111	690
610	1130	702
620	1148	713
630	1167	725

제5장 고도 변환 정보

고도 변환 정보	
FT (피트)	M (미터)
10,000	3048
11,000	3353
12,000	3658
13,000	3962
14,000	4267
15,000	4572
16,000	4877
17,000	5182
18,000	5486
19,000	5791
20,000	6096
21,000	6401
22,000	6706
23,000	7010
24,000	7315
25,000	7620

고도 변환 정보	
FT (피트)	M (미터)
26,000	7925
27,000	8230
28,000	8534
29,000	8839
30,000	9144
31,000	9449
32,000	9754
33,000	10058
34,000	10363
35,000	10668
36,000	10973
37,000	11278
38,000	11582
39,000	11887
40,000	12192
41,000	12497
42,000	12802
43,000	13106

[인용 및 참고문헌]

대한항공 객실 기내방송책자 (2004 발행본)

대한항공 객실 기내방송책자 (2007 발행본)

아시아나항공 객실 기내방송책자 (2014 발행본)

아시아나항공 Captain 기내방송책자 (2012 발행본)

티웨이항공 객실 기내방송책자 (2014 발행본)

카타르항공 객실 기내방송책자

말레이시아항공 객실 기내방송책자

싱가포르항공 객실 기내방송책자

기내방송 1·2·3 (박혜정 외 2인, 백산출판사, 2012)

저자 소개

■ **윤성주**

· 청주대학교 영어영문학 학사(문학사)
· 극동대학교 글로벌대학원 항공서비스경영학 석사
· 세종대학교 일반대학원 호텔관광경영학 박사
· 서울대학교 공과대학 AIP 수료

현) 청주대학교 항공학부 항공서비스학 전공 조교수
한국호텔관광학회 학술이사
한국외식호텔관광학회 학술이사

전) 대한항공 선임 객실승무원
청주대 인하공전 극동대 순천향대 유한대 등 외래교수
한국호텔관광전문학교 항공서비스학과 학과장
네바다주립대 아시아센터 항공서비스학과 주임교수
경기항공전 선정관련 심의위원
대전도시개발공사 서비스평가 심의위원

저서: 항공기내방송 실무(백산출판사)
항공실무영어 및 면접(학현사)

항공기내방송 실무

2015년 6월 15일 초판 1쇄 인쇄
2015년 6월 20일 초판 1쇄 발행

지은이 윤성주
펴낸이 진욱상 · 진성원
펴낸곳 백산출판사
교 정 편집부
본문디자인 오행복
표지디자인 오정은

저자와의 합의하에 인지첩부 생략

등 록 1974년 1월 9일 제1-72호
주 소 서울시 성북구 정릉로 157(백산빌딩 4층)
전 화 02-914-1621/02-917-6240
팩 스 02-912-4438
이메일 editbsp@naver.com
홈페이지 www.ibaeksan.kr

ISBN 979-11-5763-073-8
값 18,000원